Werner Rohrhofer

Satire ist Humor an der Schmerzgrenze.
Satiriker mähen das Gras, das über eine Sache zu wachsen droht.
Das sind zwei Motive, die den Linzer Journalisten Werner Rohrhofer (50) dazu verleiten, Satirisches fürs Kabarett, für Funk und Theater zu schreiben.

Begonnen hat Rohrhofer als Autor für das Wiener Traditionskabarett „Simpl" in der Ära Flossmann. Auch für Hans Peter Heinzl hat Rohrhofer geschrieben.

Für den Südfunk Stuttgart verfasste Rohrhofer fast zehn Jahre lang satirische Szenen.

Für Radio Oberösterreich wurden sein Hörspiel „Management by Poker" sowie die Erzählungen „In der Angelegenheit betreffs Profit Center..." und „Die Apostolin Petra" produziert.

Das Theaterstück „Das Skelett oder Habemus Adam" wurde im Jahr 1998 von der Alternativ-Bühne „Cinetheatro" in Neukirchen am Großvenediger uraufgeführt. Kurt Ockermüller bearbeitete das Theaterstück für den Hörfunk. Aus Anlass der Pensionierung des langjährigen ORF-Sprechers Helmut Heinz Ecker wurde „Das Skelett" im Oktober 1999 als „Hörspiel vor Publikum" im ORF-Landesstudio in Linz produziert und in der Folge auf Schloß Wildberg nochmals aufgeführt.

Rohrhofer hat bisher drei Bücher im Verlag Grosser veröffentlicht: „Das ungebügelte Feigenblatt -Postfeministische Satiren" (1995) und „Gutenbergs frivole Enkel - Satiren über Journalisten, Medien und andere Absurditäten der Informationsgesellschaft" (1997) sowie „Die verweigerte Apokalypse oder Österreichs Nichteinmischung im Falle des Weltuntergangs" (1999).

© Resistenz Verlag Linz – Wien
Sie möchten den Autor zu einer Lesung einladen?
Kontaktaufnahme: LITERATURKANZLEI (07228) 6413

CIP-Titelaufnahme der Deutschen Bibliothek
Rohrhofer, Werner: ÖSTERREICH HAT FREI
1. Auflage Linz – Wien, Resistenz, 2001
ISBN 3-85285-077-0

Satz & Layout: Walter Hagenberger
Umschlaggestaltung: Svenja Sahn
Autorenfoto: Karoline Kreibert
Druck: Benno Käsmayr

Werner Rohrhofer

ÖSTERREICH HAT FREI
Satiren

Resistenz

HOT WELLNESS

oder

EIN MONOLOGISCHER DIALOG IN DER THERME

Was für die alten Römer gut war, kann für die Menschen des 21. Jahrhunderts nicht schlecht sein. „Mens sana in corpore sano", hätte man früher den Thermen-Boom klassisch beschrieben, heute - in der post-lateinischen Zeit - sagt man schlicht: „Beauty for body and soul". Und wo sonst als in einem Thermalbad könnte man ein derart reichhaltiges Gesundheits- und Wohlfühl-Angebot finden. Noch dazu in netter Gesellschaft, völlig relaxed am dampfenden Pool liegend.

Tschuldign, ist die Liege noch frei ? Ja - dankschön - Klein mein Name, Josef - ahhh - herrlich, nicht wahr, die wunderbare warme Welt von Bad Wasserdorf - Momenterl - darf ich kurz stören ich muss nur die Liege - kippen - Herrschaftseitn, tschuldign - so - gleich haben wirs -

ES PASSIERT IHM HÖRBAR ETWAS ALLZU MENSCHLICHES.

Hoppala - tschuldign, das war ich - tschuldign - so - ahh - gibt's was Schöneres als wennst dich einfach so in die Liege fallen lasst - und die Ruhe in der wunderbaren warmen Welt genießt -

ES PASSIERT IHM NEUERLICH HÖRBAR DAS ALLZU MENSCHLICHE.

Tschuldign, noch einmal - aber, wissen' S das kommt vom Thermalwasser, ja - Tatsache - der Kurarzt von Bad Wasserdorf, der Dr. Karottnitschek - kennen' S ihn? Nein? Auf seinem Gebiet ein Kapazunder, wie man sagt - Spitze, der Dr. Karottnitschek - und der hat mirs erklärt: Das Thermalwasser aktiviert - die Dings - die Darmflora, genau - und die Folge haben' S grad ghört, aber gesund ist es ! „Qi Gong fürn Darm", können' S buchen, hier in der Therme, als Spezialtherapie - is a Hetz und kost net viel, wie man sagt - - gelln' S, Sie wollen aber jetzt ihre Ruhe - verstehe tschuldign -

KURZE STILLE.

„Thermale Flatulenz" heißt es medizinisch, wenn dir durchs warme Wasser einer auskommt - habn' S das gwusst? Haha - wissen' S, was witzig ist - wenn man im Wasser ist und es steigen so - Dings so Blaserl auf - dann glauben die meisten Leut, da unten ist eine Düse oder irgendwas - dabei is es die thermale Flatulenz, wenn' S verstehen, was ich damit sagen - wie? Ja - tschuldign - also - ich stör Sie nicht länger -

PLÖTZLICH LÄUTET EIN HANDY.

Hallo - Klein Josef? Ah - Schatzerl - ja - ja - sehr gut - ich lieg hier ganz - rilaxd, wie man sagt - ja ziemlich voll ja, angenehme Leut - ja - man plaudert halt so - wie? Aber Schatzerl, wie oft soll ichs dir noch sagen: Die Desinfektion bringt nur was, wenn man noch keinen Fußpilz hat - nein, so arg juckts nicht im Moment - ja - ich werd schaun, ob ich einen Termin krieg, beim Dr. Karottnitschek ja -Mahlzeit, dann, Pfüat dich, Schatzerl -
Es war meine Frau - sie ist sowas von besorgt, wie wenn ich auf einer Dschungelexpedition wär, nicht im Wellness-Bad, wo du der Gesundheit gar nicht auskommst - wo du hingehst, überall is gsund - wissen' S, und der Dr. Karottnitschek, der ist ein Spezialist für Fußpilz, ehrlich wahr, kennen' S sein Buch „Mein Leben mit dem Fußpilz"? - Nein? Ich hab mir gedacht, Sie kennen's, weil' S ja gern lesen, wie ich seh - a so - Krimis - na ja - glauben' S mir's, die Gschicht mit dem Fußpilz ist spannender - wie? Nein, nein - tschuldign - ich will Sie nicht stören, ich bin schon ruhig -

KURZE STILLE.

Haben Sie eigentlich gewusst, dass der Dr. Karottnitschek was entdeckt hat, medizinisch, wissenschaftlicherseits? Ja - es sind nämlich immer soviele Leut zu ihm gekommen, die hats gejuckt - am Dings - also hinten - am Allerwertesten, wie man sagt - ja - und daraufhin hat der Dr. Karottnitschek da in der wunderbaren warmen Welt von Bad Wasserdorf eine Dings - eine Studie gmacht - und jetzt werdn' S lachen - wissen' S, was rausgekommen ist - dass man den Fußpilz auch am Ar- also - am Hintern, am Allerwertesten kriegen kann - ja - echt wahr, kein Schmäh - haha - und verdanken tun wir diese Erkenntnis vom Fußpilz am Hintern dem Dr. Karottnitschek - na ja - es haben schon Ärzte für weniger den Nobelpreis kriegt, ehrlich wahr -

KURZE STILLE

Aber eins ist sicher: geholt haben sich die Leut den Fußpilz am Hintern woanders, nicht da, weil da in der wunderbaren warmen Welt von Bad Wasserdorf musst du auf einem Handtuch sitzen, in der Sauna oder in der Infrarotkabin oder in der Indianer- Schwitzhüttn - habn' S schon gschwitzt wie der Winnetou ? Nein - is a Hetz und kost net viel - - tschuldign - ja, ja - ich auch - ich möcht auch ein bisserl die Augen zumachen - ganz rilaxd -

KURZE STILLE.

Sie sind nicht von hier, gelln' S ? Was ? Woher ? Kenn ich nicht - ist ja wurscht - wissen' S, ich bin aus Bad Wasserdorf, ein Ureinwohner sozusagen, haha - ja - echt wahr - dreihundert Meter rechts von der Therme bin ich daheim - mein Elternhaus, verstehen' S - ja - ich bin sozusagen im Schatten der Therme groß worden - ja -wir haben daheim gar kein Warmwasser ghabt - wenn wir dreckig warn, hat die Mama gsagt, zu mir und meinem Bruder, „Buben", hats gsagt, „gehts euch waschen in die Therme, und vergesst's nicht, dass euch die Ohren ausspülst und die Zehennägel schneidst". Und gsund sind wir geblieben, auf die Art ! Tja, so war das -na ja, wissen' S, die Therme, das war für die Leut früher sowas wie - wie der Dorfbrunnen woanders - wo man sich getroffen hat, nur dass man sich in einen Dorfbrunnen nicht reinsetzt, im Regelfall - ich weiß nicht, wie das bei Ihnen daheim der Brauch ist - wie ? Ah - nicht einmal einen Dorfbrunnen, na ja - - tschuldign, Sie wollen lesen - oder schlafen, stimmts ?

KURZE STILLE.

Früher haben die Frauen von Bad Wasserdorf auch die Wäsch gwaschn, in der Therme, echt wahr Sie, unter uns gsagt, ich mein, des braucht man nicht an die große Glockn hängen, aber ein paar von die älteren Frauen, die kommen auch heut noch mit der Wäsch hierher in die wunderbare warme Welt, zum Wäschwaschen, in der Früh, wenn noch keine Gäst da sind - weil das Thermalwasser ist für die Leut gut und auch für die Wäsch, besser als der Weiße Riese, haha, ehrlich wahr - was ? Wieso ? Was heißt unhygienisch - nein, nein - das ist alles, wie man sagt, ganz natürlich - und die Natur kann, bitte sehr, niemals unhygienisch sein, sagt der Dr. Karottnitschek - - nein, aber jetzt lass ich sie wirklich schlafen - tschuldign -

KURZE STILLE.

Weil Sie sagen unhygienisch - da in der wunderbaren warmen Welt von Bad Wasserdorf, da geschieht wahnsinnig viel - für die Hygiene, ehrlich wahr - zum Beispiel die Gschicht mit den Warzen - wissen' S - solche, wie ich da eine hab, sehn' S - ja - es ist erwiesen, dass sich in dem Thermalwasser die Warzen lösen - des machen die Mineralstoffe und die Wärme, verstehn' S, da reißt' s dir die Warzen weg, ehrlich wahr - aber weil hier die Hygiene groß gschriebn wird, gehen die Bademeister alle Stund mit so einem kleinen Netz durchs Wasser - Warzenfischen - ja, weil das wär unhygienisch, wenn die abgangenen Warzen den ganzen Tag im Wasser herumschwimmen würden oder so - sehn' S - das versteht man unter Hygiene, da in der wunderbaren warmen Welt von Bad Wasserdorf!

KURZE STILLE. DAS HANDY LÄUTET WIEDER.

Klein Josef - ja, Schatzerl - na geh, muss das sein ? Wer ? Richard Gere ? Kenn ich nicht - kommt der auch öfter da her in die Therm -nein - aber, das ist mir unangenehm - na, du bist mir eine, jöjöjö - gut, ich schau, ob' s geht - ja - bis später, du - du - Hexe, du, schlimme du!

Meine Frau wieder - sagn Sie, haben Sie Interesse, dass' S mit mir gemeinsam des Programm „Beauty for men" durchmachen - meine Frau will, dass ich ausschau wie der Richard - Dings - allein freuts mich nicht - und Sie sind so ein netter Mensch - wie ? Kein Bedarf ? Na - wenn ich Sie so anschau, tschuldign, das ist nicht persönlich gemeint - aber eine Anti-Stress-Gsichtsmassage, eine Hauttiefenreinigung und eine Augenbrauenkorrektur, das könnt bei Ihnen nicht schaden - haben Sie gwusst, dass Ozeanalgen kleine Schönheitsfehler korrigieren ? Sehn' S, jetzt haben' S was dazu gelernt - gibt's hier in der Therme, Ozeanalgen - is a Hetz und kost net viel - - tschuldign, eh klar Sie wollen lesen, verstehe -

WIEDER STILLE.

Haben Sie gewusst, dass es da in der wunderbaren warmen Welt von Bad Wasserdorf sage und schreibe 100 verschiedene Angebote gibt ? Kennen' S den Prospekt „Die 100 Tibeter für Körper und Seele" ? - Was, fünf Tibeter - da sind' s 100 - sowas nennt man a Auswahl, net wahr - Wissens' S, wenn ich uns zwei so anschau, dann kommt sowieso nur das Kleopatra-Bad in Frage, is a Hetz und kost net viel - Sie, da muss ich ihnen übrigens was erzähln -

neulich bestellt eine Dame, also 100 Kilo auf Einmeterfuffzig - ein Kleopatrabad - original, mit Stutenmilch, eh klar - zwei Stunden später haben wir den Notarzt gebraucht - sie hat das Bad mit einer Trinkkur verwechselt und die gesamte Wann' voller Stutenmilch ausgsoffen, haha - ja, ja, lustig geht's zu, in der wunderbaren warmen Welt von Bad Wasserdorf, net wahr - - ah ja - lesen wollen' S, tschuldign -

STILLE. PLÖTZLICH HÖRT MAN JEMANDEN GURGELN.

Wie ? Was ich da mach ? Na, Zähntputzen, mit dem Thermalwasser - das Beste gegen die - Dings die Paronthose oder wie man das nennt - ich nehm mir jedes Mal einen Becher voll aus dem Whirlpool mit - wolln' S auch Zähntputzen oder zumindest eine Mundspüle machen ? Nein ? Na ja, dann wird Sie auch unsere altindische Anti-Mundgeruch-Therapie nicht interessiern, ist aber schad für Sie -

DAS HANDY LÄUTET ERNEUT.

Ja, Schatzl, ich bin noch in der Therme - ja - ich hab mich ein bissl verplaudert - mit einem Herrn auf der Nebenliege - nein, Schatzl, der Herr ist keine Frau - soweit ich sehen kann - ja - könnt ich nehmen, heute, ja -wird mir gut tun - ja - Pfiat dich, Schatzl - Meine Frau - Sie, jetzt hab ich eine Idee für uns Zwei - kennen Sie den chinesischen Klang-Wickel ? Nein ? Da habn' S was versäumt - is a Hetz und kost net viel - kein Interesse ? Das gibt's doch nicht - Sie haben ja keine Ahnung, wie gut das tut - Sie kriegen einen Aromawickel um den ganzen Body, die meisten nehmen Zimt oder Zitrone, nur die Ohren bleiben frei - und dann werden' S in die Klangpyramide geschoben und dort geht's rund, a Gong mit 140 Dezibel, da ist die Pummerin a Lercherlschaß dagegen, wie man sagt - und Sie können nicht flüchten, weils eingwickelt sind - Sie, da fließt die Klangenerige bei ihre Ohrwaschln rein und raus, dass Ihnen das Gimpfte aufgeht - na, packen wirs ? Nein ? Geh - wozu sind Sie denn da, in der Therma, ach so - um auszuruhen - na ja verstehe - verstehe - tschuldign -

WIEDER STILLE.

Sie, aber eines müssen' S unbedingt probieren: den 57. Tibeter - „Cellulitis ade für den figurbewussten Herrn !" Was ? Ja - genau, a Hetz und kost net viel, richtig - es beginnt mit einer Bauch-Beine-Po-Gymnastik, dann kommt eine Lymphdrainage, zwischendurch isst man ein halbes Kilo Fango - was ? Als Packung ? Woanders vielleicht, aber in der wunderbaren warmen Welt von Bad Wasserdorf soll das Fango von Innen heraus wirken, verstehn' S - und am Schluss eine halbe Stunde Aqua-Jogging im Freibecken - na, was sagen Sie ? Hallo - he - Sie - wohin gehn' S denn? Zur Bauch-Beine-Po-Gymnastik geht's dort rechts rüber - und - was ? Ins Hotel ? Sie gehen schon ins Hotel ? Schad - ja - mich auch - war nett - wiederschaun - und wenn' S wieder einmal da her in die wunderbare warme Welt kommen und ein paar Tips brauchen, dann melden Sie sich bei der Kassa - fragen' S nach mir, dem Klein Josef - oder, wenn' S meinen Namen vergessen habn, dann fragen' S einfach nach dem Bürgermeister von Bad Wasserdorf - Pfüat Ihna

HOMO ERECTUS TOURISTICUS

oder

URLAUBSGRÜSSE VON DER EVOLUTION
(Eine wissenschaftliche Abhandlung)

Eines Tages begannen die Vorläufer des heutigen Menschen aufrecht zu gehen, der „homo erectus" entstand. Das war vor 7 Millionen Jahren. Dann vergrößerte sich das Gehirn dieser Lebewesen. Das war vor 2 bis 3 Millionen Jahren. In der weiteren Folge entstand der „homo sapiens", der „vernunftbegabte" Mensch. Das war vor 100.000 Jahren. An diesem Punkt nahm die Evolution eine Richtung, an deren Ende ein neuer Menschentyp stand: der neuzeitliche Urlauber, „homo erectus touristicus" genannt. Das war vor 50 Jahren.

Der Homo erectus touristicus tritt heute weltweit in Erscheinung, wobei aber eindeutige soziologische Gemeinsamkeiten festzustellen sind[1]. Für die vergleichende Verhaltensforschung von besonderer Bedeutung ist in diesem Zusammenhang jene Untergruppe des Homo erectus touristicus, bei der sämtliche arttypischen Merkmale in stammesgeschichtlich reiner und zugleich ungewöhnlich massiver Form auftreten. Diese Spezies wird nach ihrem hauptsächlichen Vorkommen als „Jesolopithecus austriacus" bezeichnet, es handelt sich also um einen Österreicher auf Italienurlaub, näherhin in Jesolo. Auf diese charakteristische Spezies soll im folgenden genauer eingegangen werden.
Der Jesolopithecus austriacus stellt insofern ein evolutionsgeschichtliches Phänomen dar, als er in regelmäßigen Abständen von circa 12 Monaten vom seßhaften und zivilisierten Mitteleuropäer zum temporären Nomaden mit ausgeprägt primitiven Instinktmanifestationen mutiert.[2] Um 14 Tage später wieder zum Normalbürger zurückzumutieren.

---

1) Vgl. UNO-Forschungsbericht „Die globale Touristenfalle"
2) Vgl. Repräsentativumfrage unter Urlaubern „Wir lassen die Sau raus"

Man spricht daher heute in der Verhaltensbiologie vom „evolutionären Pendeln zwischen dem homo sapiens und dem homo primitivus". Dass sich im Urlauberverhalten grundsätzlich eine evolutionäre Rückentwicklung zum „homo insapiens" zeige, das konnte bis dato noch nicht schlüssig nachgewiesen werden, auch wenn von Jahr zu Jahr mehr empirisch-faktische Befunde darauf hindeuten.
Dasselbe gilt für die kürzlich zur Diskussion gestellte Hypothese des „missing link return". Sie greift die Theorie vom „missing link" - also dem fehlenden evolutionsgeschichtlichen Bindeglied im Übergang vom Affen zum Menschen - auf und führt sie dahingehend weiter, dass die Spezies „Urlauber" das Bindeglied in der Rückentwicklung vom Menschen zum Affen, eben das „missing link return" sei.[3]
Wenn nun also der Mutations-Zeitpunkt gekommen ist - meist in den Monaten Juli und August - so zeigt der „Jesolo-Mensch" einen ausgeprägten Herdentrieb und ein extremes Rudelverhalten. Im Vergleich dazu ist jeder Lemming ein geradezu fanatischer Individualist. Die Verhaltensforschung spricht treffend von der „Vertouristung" des Menschen, in Anlehnung an den bekannten, auf Konrad Lorenz zurückgehenden Begriff der „Verhausschweinung". Letzterer besagt, dass Menschen in der Zivilisation bestimmte Merkmale entwickeln, die an ein „domestiziertes" Tier wie das Hausschwein erinnern, zum Beispiel Fettansatz, Mopsköpfigkeit und Hypersexualität. Man sieht, die Begriffe „Verhausschweinung" und „Vertouristung" können praktisch gleichgesetzt werden.
Offen ist bis heute die Frage, ob die temporäre Mutation vom Durchschnittsösterreicher zum Italienurlauber genetisch bedingt oder anerzogen ist. Fest steht jedenfalls, dass - und das haben erst kürzlich wieder empirische Untersuchungen auf der Brennerautobahn bestätigt - in einer zu Jesolo-Menschen mutierenden österreichischen Familie das Verhalten der Nachkommen stark geprägt ist von den Vater- und Muttertieren. Zitat Sohn (11 Jahre): „Papa, seit wann derfn a de Tschuschn nach Tschesolo in Urlaub fahrn?". Oder, Zitat Tochter (9 Jahre): „Mama, san alle Neger, de am Strand des Klumpert verkaufn, Kinderverzahrer?"[4]
In Jesolo angekommen, erweist sich der Homo erectus touristicus als höchst sensible Spezies. Er reagiert auf die ihm - auch nach

---

3) Wobei aber die Empirie eindeutig gegen diese These spricht: Wo gibt es auch nur einen einzigen Affen, der so blöd wäre, zur Zeit der größten Hitze seine schattige Behausung zu verlassen, tausende Kilometer zurückzulegen und sich am Zielort stundenlang der prallen Sonne auszusetzen?
4) Eine Sammlung von Zitaten österreichischer Eltern während der Urlaubsfahrt findet sich in der Studie „Die österreichische Seele bei 35 Grad auf der Autobahn". Diese Studie ist für Kinder nicht geeignet.

vielen Jahren - immer noch irgendwie fremde Umgebung mit einem Verhalten, das eine Symbiose darstellt aus Dominanz („I bin i und alles andere is mir wurscht") und ritualisierter Aggression („Es is jedes Jahr derselbe Schaß, i drah durch"). Aus diesem Grunde wurde jüngst in der Fachliteratur für den Jesolopithecus austriacus auch der Begriff „homo unsympathicus" vorgeschlagen.
In einer neuen Studie finden sich außerdem Hinweise darauf, dass beim Jesolo-Menschen ein spezielles Hormon aus der Gruppe der extrem verhaltensrelevanten „Steroide" wirkt. Dieses Hormon wird „Touristeron" genannt. Es löst ein urlaubersignifikantes Verhalten aus, das eine Kombination aus Tourismus und Rassismus - gegenüber den Bewohnern und Verhältnissen im Gastland - darstellt. In der Studie wird dieses Verhalten in semantischer Verbindung der Termini „Tourismus" und „Rassismus" als „Tourassismus" bezeichnet.[5]
Der „Tourassismus" manifestiert sich beispielsweise im Falle des Jesolopithecus austriacus in Feststellungen wie: „Lauter Itaker in dem depperten Tschesolo!" Oder: „Des Hotel is dreckig, des Essen a Fraß und der Kaffee a Gschlader, typisch Italien!". Und: „Nix aufn Teller, aber tuti il conto, bei de Mafiosi, de italienischen!"
Eine ethologisch zentrale Rolle kommt im Leben des Jesolo-Menschen dem Strand zu. Hier zeigt er regelrechte religiöse Reflexe. Dies beginnt schon mit der Errichtung einer „Kultstätte", bestehend aus Sonnenschirm, Liegestuhl und Kühlbox. Ganz nach archaischem Vorbild betrachtet er das Areal seiner Kultstätte als geheiligten Bezirk, den kein anderer betreten darf, ausgenommen der Gelati-Verkäufer, damit die Gschrappen endlich Ruhe geben. Angetan mit liturgischen Gewändern wie Bermuda-Shorts, Bikini und Badeschlapfen schreitet der Jesolopithecus durch sein Heiligtum, das er nur kurzzeitig verlässt, um sich im adriatischen Weihwasser Abkühlung zu verschaffen.
Anschließend folgt das Ritual des Rundherum-Bräunens, das mit einer Hingebung zelebriert wird, die jede Beschwörung des Sonnengottes im Alten Ägypten blass aussehen lässt. Was dem mittelalterlichen Menschen die Selbstgeißelung war, das ist dem Homo touristicus der Sonnenbrand: nichts anderes als der Weg zur Glückseligkeit, die im Fall des Jesolo-Menschen eine Farbe hat - tiefbraun! Sollte übrigens jemand die Sonne nicht vertragen, so bestätigt dies nur die Evolution, der zufolge bekanntlich die Selektion

---

5) vgl. die Studie „Der alte Nazi und das Meer" von N. N. (der Name des Autors wird aus Sicherheitsgründen geheimgehalten)

der Schwachen die Voraussetzung für das Überleben einer Spezies ist.[6]

Zwischen dem 5. und dem 7. Badetag setzt in der Familie des Jesolopithecus meist ein gruppendynamischer Prozess ein, der - analog zum „Lagerkoller" - als „Strandkoller" bezeichnet werden kann. Jetzt erkennt der Anführer der Gruppe, dass es Zeit ist für eine Sightseeing-Tour. Der speziell von den Nachkommen vorgebrachte Einwand, es sei für einen Ausflug zu heiß, wird ebenso vom Hordenstärksten abgeschmettert wie der Hinweis des Muttertieres, in der Umgebung von Jesolo sei nichts mehr Sehenswertes vorhanden, das man nicht schon x-mal bei früheren Urlauben besichtigt habe.

Nach dem Sightseeing-Tag bei gemessenen 33,7 Grad im Schatten - den es nur selten gab - ist die Brut wieder froh, am Strand liegen zu können, während das Muttertier verzweifelt Prospekte und Ansichtskarten sortiert, damit man sich zu Hause erinnert, wo man gewesen ist. Denn es zählt zu den gehirnphysiologischen Eigenheiten des Homo erectus touristicus, dass er nach der Re-Mutation zum Normalbürger binnen kürzester Zeit nicht mehr weiß, welches Museum, welchen Dom oder welche Ruine er welcher Stadt, ja welchem Land zuordnen soll. „Wo war das gschwind?" und „Echt, dort warn wir auch?" sind in Frageform gekleidete typische Symptome eines Phänomens, das die Fachliteratur „Touristen-Alzheimer" nennt.

Erfahrene Reisende wählen als Gegenstrategie die sogenannte „Mnemotechnik", also das Verwenden von Gedächtnisstützen. Im Falle des Homo touristicus in seiner österreichischen Ausprägung hört sich das zum Beispiel folgendermaßen an:
„Sixtinische Kapelle - das war dort, wo der Franzi hingspiebn hat".
„Michelangelos David - des war der Nackerte, wo die Uschi so bled glacht hat, dass ihr der Papa ane gschmiert hat".
„Champs-Elysees - des war dort, wo sich die Mama die französiche Kombinäsch kauft hat".
In Anbetracht des über den Homo erectus touristicus im allgemeinen und des Jesolopithecus austriacus im besonderen Gesagten, verwundert es nicht, dass sich in den Fremdenverkehrszentren Läden sonder Zahl finden, in denen Souvenirs angeboten werden - wie sonst sollten sich die Einheimischen an den Urlaubern rächen?[7]

---

6) Es sei an dieser Stelle auf ein kürzlich vom Europäischen Gerichtshof ergangenes Urteil verwiesen, das den Hautärzten in der EU verbietet, öffentlich auf die Melanomgefahr durch zu viel Sonne aufmerksam zu machen. Die Klage gegen die Hautärzte war von der „Kommission für Urlaub und Erholung" eingebracht worden.
7) Die vorliegende Abhandlung war noch wesentlich umfangreicher geplant, der Autor musste sie aber an dieser Stelle abbrechen - er hatte dringend zu einem wissenschaftlichen Kongress nach Jesolo zu reisen.

URLAUBS-SHARING

oder

DIE NEUE ART DES REISENS

*Das Problem beim Verreisen ist heute nicht
das Wann - man hat ja genügend Urlaub. Es
ist auch nicht das Wohin - in jedem
Reisebüro steht einem die ganze Welt offen.
Das Problem ist das Womit - mit welchem Geld
nämlich finanziert man sich den jährlichen
Traumurlaub, der für jeden Durchschnittsbürger
zum sozialen Mindeststandard gehört?
Die Lösung ist einfach: Urlaubs-Sharing!
So, wie man sich beim „Job-Sharing" einen
Arbeitsplatz und beim „Auto-Sharing" einen
Pkw teilt, so teilt man sich beim „Urlaubs-
Sharing" die schönsten Wochen des Jahres.
Nicht mehr „all inclusive" sondern „half
inclusive" - Halbe-Halbe, das ist die neue
Art des Reisens.*

Franz Karl Klein war noch nie in Sri Lanka.
Und Franz Karl Klein ist ein in tiefster Seele toleranter Mensch.
Nur auf den ersten Blick hat jenes mit diesem nichts zu tun. Jeder
weitere Blick macht deutlich, dass im Falle von Franz Karl Klein
Sri Lanka und Toleranz genauso zusammengehören wie eine Fernreise und Durchfall.
Die Ereignisse beginnen an einem grauen Novembernachmittag damit, dass Gerlinde Klein an die Adresse ihres Franz Karl die folgenschwere Feststellung richtet: „Wir kommen nirgends hin, nicht
einmal in Sri Lanka waren wir!".
Franz Karl Klein überlegt kurz, ob er seine Angetraute darauf aufmerksam machen soll, dass es zwischen „nirgends" und „Sri Lanka" eine erhebliche Bandbreite von Möglichkeiten der urlaubsbedingten Ortsveränderung gibt. Doch die Mischung aus Trauer und
Abenteuerlust im Blick von Gerlinde Klein lässt Franz Karl erkennen, dass er praktisch schon so gut wie im Flugzeug sitzt.

Trotzdem unternimmt er, eingedenk der Kosten eines solchen Urlaubs, unter Ausnützung der Flugangst seiner Gattin den Versuch

eines taktischen Befreiungsschlages. „Hast du eine Ahnung, wielange der Flug nach Bangkok dauert?!".
Keine Frage, der Schuss ging daneben. „Nicht so laut, müssen denn alle unsere Nachbarn hören, daß du Idiot glaubst, Bangkok ist in Sri Lanka?", flüstert Gattin Gerlinde zurück.
Franz Karl Klein steht knapp vor der Kapitulation. Mit letzter argumentativer Kraftanstrengung weist er auf die Schulden für den Hausbau und das neue Auto hin. Was Gerlinde Klein mit der Feststellung quittiert: „Der Karottnitschek verdient genauso viel wie du, aber die machen jedes Jahr eine Fernreise!".
Diesen Verweis auf Konrad Karottnitschek, seinen Bürokollegen, empfindet Franz Karl Klein als ausgesprochen unfair. Ist es doch Konrad Karottnitschek, der die gesamte Kollegenschaft permanent mit seinen Reiseschilderungen nervt, rund um die Bürouhr, das gesamte Jahr über, ausgenommen die Zeit, wo er auf Urlaub ist. Und zu Franz Karl Klein pflegt Kollege Karottnitschek mit Süffisanz zu sagen: „Nur Intelligente können sich eine Fernreise leisten, die andern müssen ins Waldviertel fahren".
Man kann daraus unschwer erkennen, dass die Kleins jahrelang ihren Urlaub im Waldviertel verbracht haben, was Franz Karl einmal in einer schwachen Stunde dem Kollegen Konrad gebeichtet hat. Zwei Tage später sitzen Gerlinde und Franz Karl Klein im Reisebüro, Abteilung „Ferne Ziele", Buchstabe „S" wie Sri Lanka. Ihnen gegenüber eine junge Dame mit einer Bräune im Gesicht, wie sie Franz Karl Klein - so gesteht er sich im Stillen ein - während zwölf Jahren Hochsommer im Waldviertel nie erwerben hatte können. Ein vielsagender Blick von Gattin Gerlinde in Richtung der Gebräunten bestätigt Franz Karl, dass er nicht allein mit diesem Gedankengang ist. Einen Augenblick lang überlegt er, die Reisebüroangestellte geradeheraus zu fragen, ob sie selbst ihr bester Kunde oder bloß Stammgast in einem Solarium sei.
Da flötet die Gebräunte: „Willkommen im Paradies!".
„Grüß Gott", sagen die Kleins. Und Franz Karl fügt scherzend hinzu: „Das Paradies muß es nicht sein, uns genügt Sri Lanka". Was ihm einen Tritt gegen das Schienbein seitens seiner Gattin einträgt. Und auch die Gebräunte erweist sich als humorlos: „Sri Lanka ist das Paradies!".
Franz Karl entschuldigt sich.
„Uns ist jeder Kunde gleich wichtig", fährt die Gebräunte fort. Ein Satz, der Franz Karl Klein irgendwie zweideutig vorkommt. Um klare Verhältnisse zu schaffen, sagt er mit fester Stimme: „Zweimal Paradies und retour, all inclusive"!
„Die meisten nehmen 'Sri Lanka in 7 Tagen für jedermann'", weiß die Gebräunte zu berichten.

Noch ehe Franz Karl sein grundsätzliches Interesse an diesem Arrangement bekunden kann, wirft Gattin Gerlinde nachhaltig ein: „Auf Sri Lanka Null-Acht-Fuffzehn pfeif ich!".
Was Wunder, dass die Gebräunte zum Gegenschlag ausholt: „Dann empfehle ich Ihnen 'The Best of Sri Lanka - exclusiv und all inclusive'"!
Franz Karl will auf das verbale Kuriosum eines Urlaubs „exclusiv" und „all inclusive" hinweisen, doch Gerlinde ist schneller. "Das Beste ist für uns ganz normal", stellt sie zum Entsetzen ihres Gatten fest, so, als würde es um den Erwerb einer Packung Keks gehen, und nicht um den letzten Urlaub vor dem Privatkonkurs der Kleins.
Etwas zu sagen, verkneift sich Franz Karl mit Rücksicht auf sein Schienbein. Mit gespielter Coolness wirft er bloß ein: „Nur der Ordnung halber, auf wieviel kommt 'The Best of Sri Lanka' in etwa?".
„17.999 pro Person", gibt die Gebräunte Auskunft.
Im Schock wird Franz Karl Klein originell: „Ich will mir in Sri Lanka keine Elefantenherde kaufen, ich will dort nur ein paar Tage Urlaub machen!"
Sowas verträgt die Gebräunte schlecht: „Wenn Ihnen Sri Lanka zu teuer ist, dann fahren' S ins Waldviertel - oder Sie nehmen 'The Best of St. Pölten in sieben Tagen!".
Franz Karl Klein ist, wie gesagt, ein toleranter, verständnisvoller und einfühlsamer Mensch. Als solcher erwartet er aber auch von seiner Umwelt ein gewisses Maß an Toleranz, Verständnis und Einfühlsamkeit. Nachdem er zwecks Schonung seines Schienbeins ein wenig von Gattin Gerlinde abgerückt ist, wendet er sich an die Gebräunte: „Liebes Fräulein! Sie müssen wissen, wir haben vor drei Jahren unser Haus gebaut, ruhige Lage im Grünen, 127 Quadratmeter reine Wohnfläche, mit Doppelgarage, teilunterkellert, zwei Stockwerke, begehbarer Dachboden mit einer ausbaufähigen Fläche von 67 Quadratmetern und ..."
„Sie können auch Sri Lanka half inclusive nehmen", unterbricht ihn die Gebräunte, nicht aus Toleranz oder Einfühlsamkeit, sondern um die Sache endlich hinter sich zu bringen.
Die jetzt folgende Erklärung von „half inclusive" überrascht die Kleins ohne Frage. Sie hatten ja bisher keine Ahnung, dass man heutzutage den Urlaub mit einem anderen Ehepaar teilen kann. „Urlaubs-Sharing" und damit halber Preis, so reise man heute in ferne Länder, werden die Kleins von der Gebräunten unterrichtet. Freilich, „Urlaubs-Teilen" sei nur etwas für moderne, tolerante, aufgeschlossene und konsensbereite Menschen, die willens und in der Lage seien, bei der Konsumation des Reiseprogramms Kompromisse zu schließen.

Franz Karl Klein fühlt sich wie namentlich aufgerufen.
„Urlaubs-Sharing" bedeute, fährt die Gebräunte fort, dass man zwar Flug und Nächtigung plus Frühstück für sich alleine hat, alles andere aber werde partnerschaftlich mit einem zweiten Paar geteilt.
„Heißt das, die einen absolvieren heute diese Besichtigung, die anderen morgen jene, die einen haben heute Lunch und Dinner, die anderen morgen, und so weiter und so fort", fragt Gattin Gerlinde.
„Wenigstens Sie haben es begriffen", gibt die Gebräunte zur Antwort, was Franz Karl Klein irgendwie an ein weibliches Komplott erinnert.

Die Gebräunte:"Während die einen Sharing-Partner besichtigen, genießen die anderen die kilometerlangen, palmengesäumten Sandstrände und die kaffeebraunen, immer freundlich lächelnden Menschen auf Sri Lanka, und am nächsten Tag ist es umgekehrt". Der Reiseleiter achte nur darauf, dass kein Punkt des Urlaubsprogramms von beiden Sharing-Partnern konsumiert wird, alles andere sei eine Angelegenheit der Kompromissfähigkeit der jeweiligen Urlauber.

Franz Karl Klein wirft ein, ob man sich fürs „Urlaubs-Teilen" ein Paar aus dem Bekanntenkreis suchen könne, um sicher zu gehen, dass man die richtigen Partner hat. Was ihm einen weiteren Tritt gegen das Schienbein und die geflüsterte Zurechtweisung durch seine Gattin einbringt: „Willst du uns vor allen unseren Bekannten blamieren, dass wir uns keinen ganzen Urlaub in Sri Lanka leisten können?!".
Der Rest ist Formalität.
Vier Wochen später sitzen die Kleins in der Maschine ab Linz 20.05 Uhr, Zielflughafen Colombo auf Sri Lanka. Weitere 14 Stunden später landen die Kleins in Colombo. Nochmals zwei Stunden später stehen sie an der Rezeption des Hotels „Palms Paradise", inmitten von geschätzten 400 weiteren Touristen, alle ganz offensichtlich in der nervös-gespannten Erwartung, wer denn nun die Sharing-Partner sein würden.
Das Schicksal hat viele Möglichkeiten parat, aus der Warte der Kleins nähern sich diese Möglichkeiten vom Osten:
Da sind Chinesen.
Da sind Russen.
Da sind Ungarn.
Da sind Burgenländer.
Da sind Wiener.
Da sind St. Valentiner.
Da sind Ennser.
Da sind Linzer.
Da sind die Karottnitscheks.

„Franz Karl - du auch??".
„Konrad - du ??".
Die Feststellung von Gattin Gerlinde, wie klein doch die Welt sei, klingt matt.
Susanne Karottnitschek kichert wie immer unmotiviert, ehe sie die dümmstmögliche Frage stellt: „Seid Ihr auch in Sri Lanka?".
Die nächste halbe Stunde sind die Kleins und die Karottnitscheks damit beschäftigt, Freude über das unverhoffte Zusammentreffen zu heucheln. Man muss ja schließlich auch künftig im Büro miteinander auskommen.
Dann nimmt sich Franz Karl Klein den Reiseleiter zur Seite, um ihn auf den Ernst der Lage hinzuweisen. „Es gibt sechs Milliarden Menschen auf der Welt, warum müssen wir unseren wohlverdienten Urlaub gerade mit den Karottnitscheks teilen?!" Ob er der berüchtigte Franz Karl Klein sei, fragt der Reiseleiter.
„Ja, allerdings - aber wieso berüchtigt?"
Er wisse Bescheid, antwortet der Reiseleiter, ein Herr Karottnitschek sei schon bei ihm gewesen.
„Und?"
„Jetzt sind bei Ihnen Toleranz und Konsensbereitschaft gefordert, ich halte mich da raus" - mit diesen Worten überlässt der Reiseleiter die Sharing-Partner ihrem Schicksal. „12 Uhr Lunch, 14 Stadtbesichtigung, 16 Uhr Abreise nach Sigiriya, 18 Uhr Blick auf den berühmten Sigiriya-Felsen", fügt der Reiseleiter hinzu.
Die Kleins machen sich auf ihrem Zimmer ein wenig frisch. Pünktlich um 12 Uhr erscheinen sie zum Lunch im Restaurant des Hotels. Hier werden sie vom Oberkellner höflich darauf aufmerksam gemacht, dass „Mister und Missis Karoscheischek" schon Platz genommen hätten, dieser Teil des Urlaubs also bereits vergeben sei. Die Kleins ziehen sich wieder auf ihr Zimmer zurück. Toleranz hat auch ihren Preis, außerdem will Gerlinde Klein ohnehin abnehmen.
„Dafür bremsen wir sie bei der Stadtbesichtigung aus", sagt Franz Karl nach einer kurzen Phase des Grollens. An der Rezeption fragen die Kleins nach dem Sammelplatz für die Stadtrundfahrt. „Mister und Missis Klein?", erkundigt sich der Rezeptionist mit ausgesuchter Höflichkeit. Und weist den Weg zum alten Parlament.
Am Abend dieses Tages, den sie herumirrenderweise in den Straßen von Colombo verbracht haben, sind die Kleins um einige Erfahrungen reicher: Zum ersten, dass Stadtrundfahrten immer direkt beim Hotel beginnen und nicht anderswo; zweitens, dass Konrad und Susanne Karottnitschek selbst vor der Bestechung von Hotelangestellten nicht zurückschrecken, und drittens, dass letztere eine falsche Auskunft gegen entsprechendes Entgelt nicht als unmoralisch sondern als Service auffassen.

Als Konrad Karottnitschek gegen Mitternacht ins Hotel zurückkehrt, stellt ihn Franz Karl Klein zur Rede, kollegial, wie es sich für zivilisierte, tolerante und konsensbereite Menschen gehört: „Noch einmal ziehst du mich nicht über den Tisch, du Arsch!". Und die morgige Besichtigung der Königsstadt Palonnaruwa gehe auf ihr Konto. „du hast morgen Pause", lässt Franz Karl Klein den Kollegen wissen. Dieser zeigt sich reuig: „Aber selbstverständlich, lieber Franz Karl.".

Zufrieden kehrt Franz Karl Klein zu seiner Gerlinde zurück und berichtet ihr, nicht ohne Stolz, dass und wie er die Karottnitscheks in die Schranken gewiesen habe. Da kommt es gerade recht, dass der Zimmerservice sich mit einem „Welcome-Drink" in der Form von Arrak auf Rechnung des Hauses einstellt, „für Mister und Missis Klein".

In den nächsten beiden Tagen beschränkt sich der Aktionsradius von Gerlinde und Franz Karl Klein auf die Entfernung zwischen Hotelbett und Toilette. Der von der deutschen Botschaft in Colombo bereitgestellte englischsprachige Arzt hatte die Anamnese durch eine schlichte Frage erhoben:"What did you drink?" Um die Diagnose anzufügen, entgegenkommenderweise auf Deutsch: „Abführmittel im Arrak - Dünnpfiff!".

Konrad Karottnitschek hatte wieder zugeschlagen.

Nun hemmt Durchfall zwar die physischen Aktivitäten, nicht aber die mentale Beweglichkeit. Und so haben die Kleins ausreichend Zeit, sich ein Schlachtplan für Tag Vier in Sri Lanka - Besuch der Stadt Kandy mit dem Tempel des Zahnes von Buddha - zurechtzulegen.

Tag Vier, 6 Uhr früh, zwei Stunden vor der Abfahrt nach Kandy. Franz Karl Klein und seine Gattin brechen zum morgendlichen Joggen auf. Vorgeblich. Tatsächlich aber werden sie die nächsten zwei Stunden rund um das Hotel „Palms Paradise" laufen, um beim Eintreffen des Busses, der die Touristen nach Kandy bringen soll, vor den Karottnitscheks da zu sein. So einfach ist das. Ohne List und Tücke, im fairen Wettkampf werde man die Karottnitscheks niederringen, haben sich Franz Karl und Gerlinde in die Hand versprochen.

Um Halb Sieben fährt die Polizei von Colombo mit Blaulicht und Folgetonhorn beim Hotel „Palms Paradise" vor.

Etwa eine Stunde später kommt Franz Karl im Aufwachraum der Polizeidirektion von Colombo-City wieder zu sich. Gattin Gerlinde darf ihn durch eine Panzerglasscheibe sehen.

„Doc Klein from Linz in Austria?", herrscht ein Polizeioffizier, der wenig von der in den Sri-Lanka-Prospekten verheissenen Freundlichkeit dieses Menschenschlages an sich hat, den soeben aus der Ohnmacht Erwachten an.

„Klein ja, aber nicht Doc", stellt Franz Karl klar, daß er sich keiner Doktorwürde erfreue, während er die offensichtlich von seiner Verhaftung herrührende Schwellung am Hinterkopf befühlt.

„Bei uns ist jeder Zahnarzt ein Doc", erwidert der Polizeioffizier in touristenerprobtem Deutsch.

Es dauert mehr als vier Stunden, bis das Missverständnis aufgeklärt ist. Ein anonymer Anrufer hatte die Polizei gewarnt, dass ein österreichischer Zahnarzt aus Linz an diesem Tag nach Kandy unterwegs sei und die Absicht habe, den berühmten Zahn des Buddha zu stehlen. Der Name des Medizin-Kleptomanen sei Doktor Klein. Mit den besten Wünschen für einen weiteren schönen Aufenthalt im Paradies werden Franz Karl und Gerlinde Klein am frühen Nachmittag aus dem Polizeigewahrsam entlassen. Wohlwissend, daß die Karottnitscheks zur selben Stunde vermutlich den Zahn des Buddha bestaunen.

In dieser Situation beginnt Franz Karl Klein damit, in den tiefsten Abgründen seiner Seele nach Racheideen Ausschau zu halten.

Gattin Gerlinde schafft es mittlerweile, in irgendeinem Laden von Colombo-City eine Tube Superkleber zu erstehen.Und während Franz Karl in der darauffolgenden Nacht frustriert die Minibar des Hotelzimmers abwechselnd leert und vom Servicepersonal wieder füllen lässt, verklebt seine Angetraute das Türschloss der Karottnitscheks dermaßen, dass ein Herauskommen anderntags nicht, zumindest aber nicht rechtzeitig möglich sein wird.

Zufrieden schlummern die Kleins ein, zufrieden erwachen sie am nächsten Morgen. Bei der Abfahrt des Busses ist weit und breit nichts von den Urlaubs-Sharing-Partnern zu sehen.

Auf dem Tagesprogramm steht ein ausgedehnter Besuch auf den weltberühmten Teeplantagen. Leider setzt wenig später ein orkanartiger Monsunregen ein, was man - so betont der Reiseleiter - auf Sri Lanka auch einmal erlebt haben müsse.

Den Rest des Tages können die Touristen den Bus nicht verlassen, für Abwechslung sorgen Non-Stop-Verkaufsvorführungen zum Thema „Teegeschirr aus allen Landesteilen Sri Lankas".

Am Abend geht es zurück ins Hotel, bepackt mit zwei Dutzend Teetassen und vier Kannen. Die Kleins würdigen die beim Dinner sitzenden Karottnitscheks keines Blickes. „Morgen sind wir wieder dran mit dem Besichtigen, Gerechtigkeit muss sein", ruft Konrad Karottnitschek wohlgelaunt herüber.

Man konnte es drehen und wenden wie man wollte, aus der Sicht der Kleins verlief das Urlaubs-Sharing bis zu diesem Zeitpunkt nicht optimal, von Halbe-Halbe war man meilenweit entfernt, egal, ob es ums Essen ging oder ums Sightseeing. Das musste sich am sechsten und letzten vollen Reise-Tag radikal ändern, beschließen Franz Karl und Gerlinde.

An besagtem sechsten Tag steht ein Besuch im Udawalawe-Nationalpark und in einem Elefanten-Waisenhaus auf dem Programm. Den Plänen der Kleins kommt zustatten, dass sie die Achillesferse von Susanne Karottnitschek kennen - diese leidet unter einer ausgeprägten Neigung zu Allergien jeglicher Ursache und in Folge unter panischer Angst vor diesbezüglichen Problemen.

Da Reiseleiter auch nur Menschen sind, ist es den Kleins durch eine entsprechend großzügige finanzielle Zuwendung ein Leichtes, den ansonsten auf seine Unparteilichkeit erpichten Guide zu folgender Warnung beim Frühstück zu veranlassen: „Sollte jemand unter Ihnen sein, der zu Allergien neigt, so machen wir darauf aufmerksam, dass es beim Besuch des Udawalawe-Nationalparks immer wieder zu Fällen von schwerer Elefanten-Allergie kommt. Wir bedauern, dafür keine Verantwortung übernehmen zu können".

Susanne Karottnitschek wird blass. „Wie äußert sich die Elefanten-Allergie", haucht sie in richtung Reiseleiter. Dieser ist auf eine solche Zusatzfrage nicht vorbereitet, in der Schnelligkeit fällt ihm nur ein: „Die Haut wird elefantengrau, die Ohren vergrößern sich und die Mundpartie wird irgendwie rüsselartig".

Die Karottnitscheks nehmen einen Badetag an den kilometerlangen, palmengesäumten Sandstränden.

Und die Kleins sitzen triumphierend im Bus richtung Udawalawe-Nationalpark samt Elefanten-Waisenhaus.

Als Franz Karl und Gerlinde Klein am Abend desselben Tages in der Ambulanz des Krankenhauses von Colombo dem diensthabenden Arzt gegenüberstehen, schüttelt dieser in Anbetracht der Hautausschläge der beiden Touristen nur den Kopf: „Hat Sie denn niemand vor den Stechmücken im Udawalawe-Nationalpark gewarnt, viele Europäer reagieren darauf allergisch".

Der Vormittag des siebenten und letzten Tages steht den Touristen zur freien Verfügung. Gerlinde und Franz Karl Klein bummeln - unter Vermeidung direkter Sonneneinstrahlung, um die mit Allergie-Pusteln übersäte Haut zu schonen - durch die Altstadt von Colombo. Als ihnen die Karottnitscheks entgegenkommen.

„Hallo, Franz Karl", ruft der sichtlich erholte Konrad seinem Kollegen zu, „na, das ist doch etwas anderes als das Waldviertel!"

„Und alles zum halben Preis", kichert Susanne Karottnitschek.

Seither sitzt Franz Karl Klein wegen versuchten Doppelmordes durch Erwürgen in der Strafanstalt von Colombo-City. Auf seinen ausdrücklichen Wunsch hin in einer Einzelzelle, die er mit niemandem teilen muß. Und an die Zellenwand hat Franz Karl Klein mit Zahnpaste die Worte geschrieben: „Urlaubs-Sharing ist Shit!".

CASANOVA GOES INTERNET

oder

DIE LEBENSERINNERUNGEN DES GROSSEN VERFÜHRERS - AKTUALISIERTE FASSUNG

Giacomo Casanova (1725-1798) gilt als Inbegriff des Frauenhelden und großen Verführers. Seine Lebenserinnerungen, die er als alter Mann in Böhmen niederschrieb, bezeugen dies. Und doch kostet uns diese Biographie heute nur ein müdes Lächeln, denn die erotischen Abenteuer, die ein Casanova in den Jahrzehnten seiner blühenden Manneskraft erlebte, absolviert ein durchschnittlicher Internet-User heutzutage innerhalb einer guten Woche. Weltweit. Außerdem erhebt sich die Frage, ob Casanova auch im dritten Jahrtausend bei der beliebtesten Freizeitbeschäftigung - dem Erotik-Chatten im Internet - seinen Mann gestellt haben würde. Den Versuch hätte er mit Sicherheit unternommen. In seinen Lebenserinnerungen hätte Casanova dann das Folgende geschrieben:

Es war am frühen Abend, als ich den Entschluss fasste, mich selbst endlich jenen Wonnen hinzugeben, die ich bis dahin nur aus galanten Gesprächen kannte und deren Amüsement unvergleichlich sein sollte. Kaum befand ich mich in meinem Arbeitszimmer, verriegelte ich die Tür, ließ mich an dem schweren Eichentische nieder, auf dem der Glückseligkeitsspender stand, und stieß behende die Pforte ins elektronische Paradies auf. Voll Freude und innerer Unruhe, dass endlich der ersehnte Zeitpunkt heranrückte.

Ich hatte den ersten Chat-Raum soeben betreten, als ich von einem Weibe begrüßt wurde, dessen Anmut mich überwältigte. Und ehe ich ihr meine Aufwartung zu machen im Stande war, hauchte sie mir auf dem Bildschirme entgegen:
„Lets have fun!"
Ich hatte beschlossen, mich im Internet eines Pseudonyms zu bedienen und dafür eine freie Übersetzung meines Namens ausgewählt. „Neuhauser, Jakob", stellte ich mich der Signora vor.

„Come to business", erhielt ich zur Antwort.
Ich schmeichle mir, in Liebesdingen nicht gänzlich unerfahren zu sein, und auch Ungeduld ist mir bei einmal entfachter Glut nicht fremd, doch schien es mir in diesem Falle ratsam, vorerst das Handbuch „Chatten im Internet" zu Hilfe zu nehmen. Auch wenn ich des Englischen nicht so recht mächtig bin, gelang es mit doch, aus dem Buche das Nötigste zu zitieren:
„Hello, I am all ears" und „I am Jakob Neuhauser, a nice sportsman - bang" „Bang"steht für Ausrufungszeichen und ein eben solches hielt ich in bezug auf meine Person für durchaus angebracht. Die Antwort der Signora war nicht schön. „Bang goes" - „Das wars", ließ mich meine Chat-Liebe wissen, ehe sie aus dem virtuellen Separee entschwand.
Es dauerte - und ich wäre nicht Casanova, würde es anders gewesen sein - keine zwei Minuten, da flog ich vor Liebe glühend im Chat-Raum „One Night Stand" - eine Redeweise, die ich in meinem Handbuch nicht vorfand - einem Weibe aus dem fernen Amerika in die elektronischen Arme. Aus Erfahrung klug geworden, war ich es diesmal, der die Konversation begann (gestützt auf mein Handbuch):
„I am Jakob Neuhauser! Lets kick off, Comtessa!"
Zugegeben, „Comtessa" stand nicht im Internet-Handbuch. Aus einem mir unerklärlichen Grunde bezog sich die edle Amerikanerin aber gerade darauf:
„Comtessa? You are before Christ?"
Ich hielt die Frage, ob ich aus der Zeit „vor Christus" stamme, für nicht ernst gemeint. Auch wollte ich mich nicht in lange Erörterungen betreffend meinen Stand und meine Herkunft einlassen, das Geheimnis meines Pseudonyms sollte gewahrt bleiben. Und überhaupt, ein Casanova - auch wenn er als Jakob Neuhauser erscheint - weiß mit Frauen anderes zu bereden, er bedarf auch keines Handbuches.
So fuhr ich fort:
„Lassen Sie mich, liebes Kind, mit zitternder Hand und heischenden Blickes die Schleifen Ihres Kleides lösen, um in den Besitz Ihres herrlichen Busens zu gelangen". Diese meine Worte mussten wohl dem entsprechen, was nach dem Handbuche einem „User mit eleganter Fliege" angemessen war.
„Demented!" -Nur dieses eine Wort kam zurück. Dass es mit „bescheuert" zu übersetzen und für mich, Giacomo Casanova, nicht als Freundlichkeit, meine geistigen Fähigkeiten betreffend, zu verstehen wäre, das erkannte ich sofort. Doch, so erwog ich, waren in diesem Momente vornehmlich bestimmte körperliche Künste von Wichtigkeit. Und ich beeilte mich, dem Weibe zu antworten:
„Von der Liebe und der allmächtigen Natur übermannt und in mei-

ner Verzweiflung, dass Sie meinen Händen kein weiteres Vordringen gestatten wollten, würde ich mein Möglichstes tun, um eine Ihrer Hände dorthin zu bringen, wo sie sich davon überzeugen könnte, dass ich Gnade verdiente".
Ich lüge nicht, wenn ich berichte, dass mit derlei Worten und Taten ich, Giacomo Casanova, in so manchem Falle dem Ziel meines Verlangens sehr nahegekommen bin. In der Erwartung, dass dies auch bei der glühenden Amerikanerin so sein würde, sah ich der Antwort entgegen.
„Old chatterbox", ward mir aus dem fernen Amerika beschieden, was ich durch Nachschlagen in meinem Handbuche mit „alter Quatschkopf" zu übersetzen vermochte. Die virtuelle Nachreichung „oo" für „over and out" überraschte mich nicht.
Amor vergebe mir, aber musste er sich wirklich aufs elektronische Geschäft einlassen? Waren die alten Pfeile nicht mehr gut genug? Doch ein Casanova findet immer einen Weg zum Herzen einer schönen Frau. Ich begab mich ohne Zaudern diesmal in einen Chat-Raum, der sich „Plauscherl" nannte und in dem ich auf ein süßes österreichisches Mädchen traf, welches mich mit einer anmutigen sprachlichen Mixtur begrüßte:
„Hi, Sweetheart, auf gehts, pack ma's!"
Ich beschloss, die junge Österreicherin dadurch für mich zu gewinnen, dass ich ihr die Vorzüge meines Etablissements schilderte: „Ich wohne in einem Landhaus, das mit erlesenem Geschmack möbliert ist. Alles und jedes ist wohl vorbedacht für die Freuden der Liebe. Das Schlafgemach ist mit Spiegeln, Kronleuchtern und einem weißen Marmorkamin geschmückt, dessen prächtiger Aufsatz auf kleinen gemalten chinesischen Kacheln reizvolle Liebespaare im paradiesischen Zustand zeigt, die durch ihre lüsternen Stellungen die Phantasie entzünden. Kleine Armsessel passen harmonisch zu dem Sofa, das in einem achteckigen Erker steht". Das Mädchen unterbrach meine Schilderung: „He, thats great - i waß, wer du bist!"
Himmel, sie hatte mich erkannt! „Sag an, schönes Kind, wer ich bin! Lüfte mein Geheimnis!"
„Du bist da Baumaster Lugner!"
Bang! und out! Ich riss das Kabel aus der Steckdose.
„Interrupt", wie man für diese Handlungsweise in Fällen großen virtuellen Ungemachs zu sagen pflegt, interrupt!
Da saß ich nun in meiner Kammer, an diesem verhängnisvollen Tag, und ich begann zu sterben und hörte auf zu leben. Wie sonst sollte ich die Schmach empfinden, die mir, Giacomo Casanova, widerfuhr? Mir, dem die Freuden der Sinne ein Leben lang als Hauptstreben gegolten haben, für den es nie Wichtigeres gab und der sich für das andere Geschlecht geboren fühlte und alles daransetzte, Liebe zu gewinnen. Und dem es auch durch ein gnädiges

Geschick gegönnt war, den geliebten Frauen reich bemessene Erfüllung zu gewähren! Mir wurde die Schande des Versagens zuteil?! Die Wirkung dieses Schlages war verhängnisvoll. Meine Selbstachtung erhob Einspruch! Noch einmal fiel mein Blick auf das Chat-Handbuch. „Shit in, shit out", war hier zu lesen, „wer Mist eingibt, wird Müll ernten". Fürwahr, welch weises Wort! Wohlan, Giacomo Casanova, wirf den Jakob Neuhauser von dir und gib ein, was wert ist, eingegeben zu werden! Und dergestalt ist nur eines auf der Welt - „to boink - sex haben!"
„Casanova wants to boink!".
Ich warf den Satz ins weite Internet, schleuderte ihn hinaus in die tausenden und abertausenden Chat-Räume! „Casanova wants to boink!" Ohne Umschweife, ohne „bells and whistles", ohne Glokken und Pfeifen, wie das Handbuch solche Direktheit zu beschreiben pflegte. Die Zeiten zarter Anspielungen und galanter Umschreibungen waren in Anbetracht des Internet offenbar vorbei, „out of fashion".
„Casanova wants to boink - bang!"
Die Botschaft ward verstanden.
4.251 weibliche User und 744 männliche meldeten sich innerhalb von zehn Minuten bei mir und pochten auf das Prinzip „first come, first served". Was selbst mich, Giacomo Casanova, um die Kraft und Ausdauer meines besten Stückes bangen ließ. So gesehen erwies es sich als glückliche Fügung, dass just zu dieser Stunde der „Weltkongress der Moralisten" wegen meines Aufrufes im Internet Anklage gegen mich erhob und ich wenige Tage später in den Bleikammern des Dogenpalastes von Venedig gefangen gesetzt wurde. Von dort gelang mir fünfzehn Monate später die Flucht, doch das ist eine andere Geschichte, die der geneigte Leser sicher schon aus meinen bisherigen Memoiren kennt.

DER ELEKTRONISCHE SCHNULLER

oder

HIGH-TECH BEGINNT IM GITTERBETT

Der Computer ist heute auch aus der Welt der Kinder nicht mehr weg zu denken. Wie die Freizeit bei den Erwachsenen, so ist auch das Spielen der Kinder von der Elektronik geprägt. Vom guten alten Gameboy über die programmierbaren Lego-Steine bis zum Kuscheltier, dem ein Computer „Leben" und „Emotionen" verleiht. Die Cyber-Generation saugt sozusagen die Elektronik mit der Muttermilch ein. Und genau hier setzt die neueste Entwicklung an - der elektronische Schnuller fürs Baby. High-Tech beginnt im Gitterbett. Sehr zur Freude des Säuglings und als Erleichterung für die Eltern. Vor Verwendung des elektronischen Schnullers sollte man allerdings die folgende Gebrauchsanleitung genau lesen.

Liebe junge Mutti, lieber junger Papi!

Sie haben sich aus gutem Grund entschlossen, für Ihr Baby den „Multi-Zuzler" zu kaufen, den ersten voll-elektronischen Schnuller aus dem Hause CAB. Sie wissen ja, CAB steht für „Computer Aided Babymanagement", weil wir ein Spezialist für computerunterstützte Säuglings- und Kleinkinderpflege sind. In diesem Sinn: Herzlich Willkommen in der großen Familie der glücklichen CAB-Eltern und ihrer rundum zufriedenen Babys!

<u>Was ist der „Multi - Zuzler"?</u>
Der Multi-Zuzler ist, wie schon sein Name sagt, ein vielseitig einsetzbarer Babyschnuller auf elektronischer Basis, der sich durch maximale Benutzerfreundlichkeit auszeichnet. Der Multi-Zuzler wurde gemeinsam mit Ärzten und Kleinkinderpsychologen entwickelt und bei mehr als 1.000 Schimpansenbabys getestet.

Was ist das Neue am Multi-Zuzler?
Der entscheidende Vorteil des Multi-Zuzlers liegt in der elektronischen Programmierbarkeit, wobei die traditionellen Anwendungen eines mechanischen Schnullers in optimaler Weise mit zusätzlichen Computer-Funktionen gekoppelt wurden. Davon profitieren sowohl die Eltern als auch das Baby. Die dem Multi-Zuzler implantierte Elektronik eröffnet völlig neue User-Dimensionen, der Multi-Zuzler wird zum ersten „Allround-Schnuller", zum „Erlebnis-Fopper" und zu einem Instrument, mit dem das Baby computerunterstützt zu einer einmaligen Raum-Zeit-Erfahrung geführt wird. Da der Multi-Zuzler ferngesteuert funktioniert, müssen Väter und Mütter bei der Obsorge für ihren kleinen Liebling nicht mehr persönlich anwesend sein, trotzdem sind höchste Sicherheit und Zuverlässigkeit garantiert. Wo immer Sie sich auf der Welt befinden, Sie haben den Schnuller unter Kontrolle! Der Multi-Zuzler stellt in diesem Sinn den Durchbruch zum „Global Babysitting" dar.

Wie funktioniert der Multi-Zuzler?
Die Funktionsweise soll hier nach dem Motto „learning by doing" erklärt werden.
Nehmen Sie daher bitte jetzt die Schnuller-Fernbedienung zur Hand.
Diese wird Sie nicht zufällig an die Fernbedienung Ihres Fernsehgeräts oder Ihres Videorecorders erinnern. Es gehört zur Unternehmensphilosophie von CAB, bei der Einführung neuer Technologien an Gewohntes und Vertrautes anzuknüpfen. Außerdem vertreten führende Kinderpsychologen heute die Auffassung, dass es durchaus Sinn macht, wenn schon das Baby erste Eindrücke von einer Fernbedienung bekommt, damit es zwei oder drei Jahre später keinen Entwicklungsrückstand aufweist.

Die Schnuller-Fernbedienung ist batteriebetrieben, wenn die Kontrollleuchte links oben auf „Grün" zeigt, so ist die Fernbedienung anwendungsbereit.
Richten Sie die Sensoren an der Vorderseite der Fernbedienung auf das Infrarot-Empfangselement des Schnullers, bei diesem erscheint nun auf dem eingebauten Mini-Display das Wort „Ready". Es empfiehlt sich auch hier, dass das Baby den Multi-Zuzler während des Programmiervorganges im Mund hat, damit es sich an den Umgang mit Elektronik gewöhnt. Schaut das Baby interessiert auf die Fernbedienung oder lacht es vielleicht sogar, so sollten Sie jetzt bereits erwägen, Ihr Kind später einmal in eine HTL zu schicken. Weint es hingegen beim Schnuller-Programmieren, so ist eher an eine Allgemeinbildende Höhere Schule oder eine sogenannte „Knödelakademie" zu denken.

Vorwahltaste „V" zum Programmieren

HINWEIS: Der Multi-Zuzler wird grundsätzlich durch die Eltern oder andere Erziehungsberechtigte programmiert. Das Baby soll von Anfang an wissen, wo's lang geht und wer das Sagen hat, antiautoritäre Experimente zählen nicht zur Unternehmensphilosophie von CAB. Auf ausdrücklichen Wunsch ist allerdings auch ein Modell unseres Elektronik-Schnullers mit Selbstbedienung durch das Baby lieferbar, als Sonderausstattung gegen Aufpreis.

Betätigen Sie jetzt bitte die Vorwahltaste „V", um den Multi-Zuzler zu programmieren. Mit Hilfe der Suchtaste (SUCH) stehen Ihnen nun eine Reihe von Funktionen zur Verfügung. Beachten Sie bitte bei deren Auswahl die individuellen Lebensgewohnheiten Ihrer Familie, um allfällige Störungen durch das Baby hintan zu halten. Mit dem Timer (T) legen Sie die Uhrzeiten fest, zu denen der Multi-Zuzler die gewünschten Funktionen ausführen soll.

1. Die Saugfunktion (SAUG)
Ist der Schnuller auf Saugen programmiert, so deckt er permanent die entsprechenden Reflexe Ihres Babys ab. Beruhigung, Befriedigung und Lustgewinn sind für den Säugling mit dieser Grundfunktion des Multi-Zuzler praktisch rund um die Uhr gesichert. Unbedingt zu empfehlen ist aber die Kombination der SAUG-Funktion mit der Funktion

2. „Return to mouth" (RTM)
Die RTM-Funktion bewirkt, dass der Schnuller selbsttätig und automatisch in den Mund des Babys zurückfliegt („return to mouth"), sollte er herausgefallen oder von Ihrem kleinen Liebling ausgespuckt worden sein. In der Standard-Ausführung des Multi-Zuzler hat die RTM-Funktion eine Reichweite bis zu drei Metern. Tests haben gezeigt, das selbst sehr kräftige Babys den Schnuller nur bis maximal drei Meter weit zu spucken im Stande sind. Lediglich junge Schimpansen brachten es auf fünf Meter, für diesen Fall empfiehlt sich das Sondermodell des Multi-Zuzler mit der RTM-Power-Funktion.

3. Die Vibrations-Funktion (VIB)
Bei programmierter VIB-Funktion beginnt der Schnuller ab dem eingegebenen Zeitpunkt (Timer beachten!) leicht zu vibrieren. Gerade diese Funktion erwies sich bei den Tests als besonders effektiv. Die winzigen Vibratoren, die am Schnuller angebracht sind, wirken außerordentlich anregend auf den Mund-, Zungen-, Gaumen- und Kieferbereich des Säuglings. Zugleich dient die Vibrati-

ons-Funktion durch ihre stimulierende Wirkung als optimale Vorbereitung auf die Entwicklung der Sprechmotorik.
HINWEIS: Die Vibrations-Funktion sollte maximal ein bis zwei Stunden pro Tag angewendet werden, ansonsten besteht die Gefahr, dass aus Ihrem Baby später ein Dauer- und Vielredner wird. Sollten Sie allerdings für Ihr Kind eine politische Karriere ins Auge fassen, so sind zwei Stunden Vibration pro Tag als Mindesterfordernis anzusehen.

4. Funktion „Turbo-Beruhigung (TB)
Es kann Situationen geben, in denen es für die Eltern besonders wichtig ist, dass sich das Baby ruhig verhält. Diesem pädagogischen Ziel dient die Funktion „Turbo-Beruhigung" (TB). Wird sie aktiviert, so öffnet sich im Multi-Zuzler eine integrierte Mini-Box, aus der ein leichtes, in dieser Dosis für das Baby absolut unbedenkliches Beruhigungsmittel freigesetzt und über eine kleine Öffnung an der Spitze des Schnullers dem Säugling verabreicht wird. Dieser beruhigt sich umgehend und nachhaltig. Zugleich macht das Baby auf diese Weise eine Erfahrung, die es auch im späteren Leben gut gebrauchen kann.

5. Funktion „Muttermilch" (MM)
Ähnlich wie die Turbo-Beruhigungs-Funktion wirkt auch die Funktion „Muttermilch" (MM). Auch in diesem Fall wird im Inneren des Multi-Zuzler eine Mini-Box geöffnet, die Muttermilch oder eine adäquate Babynahrung enthält. Wiederum durch die erwähnte Öffnung an der Spitze des Schnullers erhält das Baby diese Nahrungszufuhr. Zu empfehlen ist die Kombination der Muttermilch-Funktion mit einer weiteren Funktion, dem

6. „Schrei-Sensor" (SS)
Der Schrei-Sensor wird immer dann wirksam, wenn - wie sein Name sagt - das Baby schreit oder weint. Sie haben auf Ihrer Fernbedienung drei Stufen, von „leichtes Weinen" über „Schreien" bis „Brüllen". Je nachdem, welche Stufe Sie einprogrammieren, wird die Muttermilch-Funktion bei leichtem Weinen, beim Schreien oder erst dann aktiviert, wenn das Baby aus Leibeskräften losbrüllt. Jedenfalls bietet der Multi-Zuzler auf diese Weise die optimale Versorgung des Babys beim „kleinen Hunger zwischendurch", also bei jenem Zustand, bei dem das Kind in späteren Jahren eine Schokoschnitte oder Müllers Milchreis benötigen wird. Sie sehen, liebe Eltern, wieder lernt der Säugling mit dem Multi-Zuzler etwas fürs Leben.

7. Sonderausstattungen zu den Beruhigungs-Funktionen

Der Multi-Zuzler wird im Zusammenhang mit den Beruhigungs-Funktionen auch in zwei Sonderausstattungen angeboten. Zum ersten mit der Zusatzfunktion „Most Silence". Damit ist nicht, wie man meinen könnte, ein Höchstmaß an „Stille" („most silence") intendiert, sondern es handelt sich um die technologische Möglichkeit, in den Schnuller anstelle von Muttermilch oder einem leichten Beruhigungsmittel ein paar Tropfen Most einzufüllen und dem Baby zufließen zu lassen. Diese Sonderausstattung wird aus Gründen des Brauchtums und der Tradition vornehmlich in bestimmten ländlichen Gebieten nachgefragt.

Eine weitere Sonderausstattung gegen Aufpreis wird von der Firma CAB unter der Bezeichnung „Mama-Ballon" angeboten. Dabei wird ein zusätzlicher Beruhigungseffekt für das Baby dadurch erzielt, dass sich der Schnuller für den Zeitraum bis maximal zehn Minuten auf die Größe einer Mutterbrust aufbläst und dem Säugling so das Gefühl der Geborgenheit und des Hautkontakts vermittelt.

HINWEIS: Als Geschenk zum Vatertag ist der „Mama-Ballon" nicht gedacht.

8. Die Akustik-Funktion (AK)

Mit dieser Funktion können Sie die akustischen Komponenten des elektronischen Schnullers aktivieren. Die Taste „Voice-Box" enthält einen computergenerierten Sprachspeicher als Simulation der verbalen Zuwendung zum Baby. Das Angebot der programmierbaren Zusprüche reicht von „Wo is er denn? Daaaa is er" über „Dadadada Tscha" und Dududdudu" bis „Wie sagt man, wenn man das Flaschi will - Biiiitte!". Auch hier zeigt sich die durchdachte entwicklungspsychologische Konzeption des Multi-Zuzler.

Betätigen Sie hingegen die Taste „Baby-Sound-Check", so sind entsprechende Kinderlieder einprogrammiert, mit Lautstärkenregelung und Raumklangeffekt. Zu der mittels Timer (T) festgelegten Zeit erklingen diese Lieder, um das Baby zu erfreuen, zu beruhigen oder in den Schlaf zu begleiten. Sie können auf Wunsch aber auch eigene Lieder in den Schnuller einspielen, beispielsweise Musik von Chopin, wenn Sie der Auffassung sind, dass aus Ihrem kleinen Liebling ein Wunderkind am Klavier werden soll.

HINWEIS: Beachten Sie bitte, die richtigen Lieder für den richtigen Zeitpunkt einzuprogrammieren. „Schlafe, mein Prinzchen, schlaf ein" am Morgen kann beim Baby Irritationen und in der Folge frühkindliche Traumata auslösen. Ebenso wie Lieder von Hansi Hinterseer, und das zu jeder Tages- oder Nachtzeit.

9. Die Decoder-Funktion (DC)

Durch die Decoder-Funktion ist das Baby in der Lage, mittels Schnuller-Druck den Fernseher ein zu schalten. Auch dieser Funktion kommt somit bei der Beruhigung des Säuglings große Bedeutung zu. Es wird empfohlen, die Decoder-Funktion mit Hilfe des Timers (T) so zu programmieren, dass das Baby zumindest gelegentlich auch Kindersendungen sieht und das Fernsehen nach 22.00 Uhr für den Säugling die Ausnahme bleibt.

HINWEIS: Sollte das TV-Gerät nicht vom Babykorb oder vom Gitterbett aus einsehbar sein, so erscheint auf dem Schnuller-Display das Wort „Error". Ändern Sie in diesem Fall bitte die räumliche Anordnung.

Die Firma CAB, der Spezialist für „Computer Aided Babymanagement", wünscht Ihnen, liebe Eltern, und Euch, liebe Babys, viel Spaß und Erfolg mit dem elektronischen Schnuller Multi-Zuzler. Für weitere Fragen steht unser Kundendienst gerne zur Verfügung.

ÜBRIGENS: Kennen Sie schon unsere elektronischen Windeln mit dem optischen Feuchtigkeits-Frühmelder? „Die intelligente Windel, die schneller leuchtet, als Ihr Baby pinkeln kann!". Näheres im gut sortierten Fachhandel oder auf unserer CAB-Homepage.

COMPUTER-DEKALOG

oder

DIE 10 GEBOTE VOM CYBER-SINAI

*Moses stieg mit seinem tragbaren PC
hinauf bis zur Spitze des Berges Sinai.
Und alsbald erschienen auf dem
Bildschirm die folgenden Worte:*

Das erste Gebot:

    Ich bin der Computer, dein neuer Gott,
der dich befreit hat aus der Knechtschaft
von Füllfeder, Kuli und Schreibmaschine.
Du sollst keine anderen Kommunikationsmittel
neben mir verwenden, denn ich habe eine
eifersüchtige Festplatte. Ich erweise
denen meine Gnade, die mich lieben.

Das zweite Gebot:

    Du sollst den Namen deines Computerprogrammes nicht missbrauchen. Denn Bill Gates lässt denjenigen nicht ungestraft, der den Namen „Windows" nicht ehrt.

Das dritte Gebot:

    Du sollst jeden Tag heilig halten, indem
du beim Computer sitzt. Sechs Tage lang
sollst du browsen und surfen und auch
am siebten Tag sollst du nicht ruhen.

Das vierte Gebot:

    Du sollst deine Hardware und deine
Software ehren, auf dass sie lange
leben und es dir wohlergehe im
Cyberspace.

Das fünfte Gebot:

    Du sollst Computerprogramme nicht
durch Viren töten.

Das sechste Gebot:
> Du sollst es nicht in fremden
> Dateien treiben.

Das siebente Gebot:
> Du sollst keine Raubkopien
> ziehen.

Das achte Gebot:
> Du sollst im Internet nicht
> lügen.

Das neunte Gebot:
> Du sollst nicht begehren
> deines Nächsten Code.

Das zehnte Gebot:
> Du sollst nicht begehren
> deines Nächsten Rechner,
> Drucker oder Modem.

(Das elfte Gebot:
> Du sollst jeden Verstoß gegen eines
> der zehn Gebote so rasch wie
> möglich beichten. Sünden-E-Mails
> sind zu richten an:
> Microsoft@absolution.at

INTERAKTIVES FERNSEHEN

oder

ALS DIE „TITANIC" KNAPP DEN EISBERG VERFEHLTE

Früher hatte man zwei Fernsehprogramme zur Auswahl. Heute haben die meisten 25 bis 30 Programme. Experten sagen voraus, dass es in einigen Jahren bis zu 500 sein werden. Doch was ist das gegen die wirklich einschneidende Veränderung - das sogenannte „Interaktive Fernsehen". Dabei werden die Zuschauer selbst bestimmen können, wie zum Beispiel die Handlung eines Filmes weitergehen soll. Der passive TV-Konsument wird der Vergangenheit angehören, der aktive „User" wird sich zumindest zum Teil sein Fernsehprogramm individuell gestalten können.

Es ist einer jener seltenen Abende, an denen die Burgers einer Meinung sind. Weder steht Gerlinde Burger der Sinn nach „Forsthaus Falkenau", noch will Hans Wilhelm Burger Lask gegen Rapid sehen. Für Gerlinde und Hans Wilhelm Burger gibt es an diesem Abend nur eines: „Titanic"! Den Film über die Katastrophe des unsinkbaren Luxusliners mit Leonardo Di Caprio und Kate Winslet in den Hauptrollen.
Die Diskussion, ob man den Filmtitel „Titanic" oder „Teitänic" auszusprechen habe, kann die Einhelligkeit im Hause Burger nur kurzzeitig und in keiner Weise nachhaltig beeinträchtigen. Man ist fest entschlossen, gemeinsam zu weinen.
15 Minuten vor Sendungsbeginn hat das Ehepaar Burger alle notwendigen Vorkehrungen getroffen. Die Vorhänge sind zugezogen, Verpflegung ist in Reichweite und die Blasen sind entleert. Hans Wilhelm Burger schaltet den Fernseher ein, worauf Gerlinde ein erstes Schluchzen vernehmen lässt.Was der Grand-Prix-erprobte Hans Wilhelm als klassischen verfrühten Start ansieht, um des harmonischen Fernsehabends willen enthält er sich aber eines Kommentars.
Man setzt sich.
Werbung.

Sie wurde offensichtlich erfunden, um die Feineinstellung von Geist und Auge auf den nachfolgenden Film zu ermöglichen.
„Es flimmert was".
Diese Worte von Gerlinde Burger sind schicksalsschwanger.
„Das täuscht", unternimmt Hans Wilhelm Burger den Versuch, den Blick vor der Realität zu verschließen.
Kurzes Schweigen.
„Es flimmert immer noch", stellt Gerlinde Burger fest.
Der Mann im Haus sieht sich technisch gefordert: „Vielleicht eine kurze atmosphärische Störung".
„Wahrscheinlich hat die Antenne was", glaubt die Frau des Hauses zu wissen.
„Antenne! Wir empfangen über Kabel! Da gibts keine Antenne!", belehrt Hans Wilhelm seine Lebens- und Fernsehpartnerin.
„Und wieso können dann atmosphärische Störungen was ausmachen?"
Womit bei Hans Wilhelm Burger die Schmerzgrenze erreicht ist.
Ein Zustand, der sich jetzt darin äußert, dass er aufspringt und am Fernseher zu hantieren beginnt. Erwartungsgemäß ohne Erfolg, was die Beseitigung des Flimmerns betrifft.
„Frag unsern Nachbarn, den Karottnitschek, obs bei ihm auch flimmert", rät Gattin Gerlinde.
„Und wenn - was hilft uns das?!"
„Dann wissen wir wenigstens, dass was mit dem Kabel ist und nicht mit unserm Fernseher".
Wenn Hans Wilhelm Burger etwas auf den Tod nicht ausstehen kann, dann dass seine Frau einen vernünftigen Vorschlag macht, während er nervös ist und sich ärgert.
Karottnitschek, der Nachbar, ist sogleich am Telefon: „Ja, verdammt, bei mir flimmerts auch! Wenn das nicht sofort aufhört, spreng ich den Fernseher in die Luft! Verdammt! Ich will den Untergang der Titanic sehen, ohne Flimmern, verdammt!"
Hans Wilhelm Burger fürchtet nicht zu Unrecht, zum Blitzableiter des erregten Nachbarn zu werden, und er legt auf.
„Ruf die Kabelgesellschaft an, Hans Wilhelm, die haben sicher einen Notdienst".
Da war sie wieder, diese nervtötende Vernunft. Hans Wilhelm Burger verspürt zwar große Lust, seine Frau in ein Streitgespräch zu verwickeln, um dann beiläufig die Lösung mit der Kabelgesellschaft selber vorzuschlagen, doch die Zeit drängt, in zehn Minuten läuft der Film an und die Titanic aus.
„Ja, Hallo? Ja, Burger spricht, also, wir haben da ein Problem - es flimmert - ja - das muß an Ihrem Kabel - also an unserem Kabel - ja - wir wollen aber den Film ohne Flimmern sehen - Titanic --"
„Taitänic", wirft Gattin Gerlinde ein.

„Ja, also - den Film da - Tätainic - Tä - Titä --"
„Du meine Güte, bis der das wieder rausbringt", lässt sich Gattin Gerlinde vernehmen.
Gatte Hans Wilhelm versucht, Fassung zu bewahren. „Also - dieses Flimmern, das - das stört - überhaupt bei einem so schönen Film wie Ti - Tätinac - Titanic - wie? Was meinen Sie mit 'Welche Fassung' - Natürlich - die neueste - mit dem Dings in der Hauptrolle - dem - Dings --
„Leonardo Di Caprio", assistiert die Gattin.
„Genau - Caprio - und das Problem ist, dass es flimm - hm? Interaktives Fernsehen? Äh - hm - nein - nein, wir wollen nicht mitbestimmen - nur das Flimmern - was? Die Handlung? Wie's weitergeht? Das sollen wir - entscheiden? Ach ja? Sie haben - 12 - was? 12 Versionen - für den Schluss? Und wir - aha - aha - aha --"
Die nächsten Minuten des Telefonats verlaufen eintönig. Hans Wilhelm Burger hat nicht mehr zu sagen als „aha". Und dann: „Gut - ich frag meine Frau - ja - ich melde mich gleich wieder - ja - gut - interaktiv - ja --". Er legt auf. Hans Wilhelm Burger wirkt verstört.
„Was ist", will die Gattin wissen.
In knappen Worten - die Zeit drängt - erläutert Hans Wilhelm seiner Lebens- und Fernsehpartnerin das Prinzip der „interaktiven Programmgestaltung". Dabei könne man bei der Kabelgesellschaft seine Wünsche äußern, wie ein bestimmtes Programm - zum Beispiel ein Film wie „Titanic" - weitergehen soll. Aus den vorhandenen 12 Versionen, die inzwischen im Hinblick auf das Interaktive Fernsehen nachgedreht worden seien, könne man für sich jene auswählen, die man am liebsten hätte.
„Happy end", zögert Gerlinde Burger keine Sekunde.
„Was meinst du mit Happy end?"
„Die Titanic fährt knapp am Eisberg vorbei!"
Hans Wilhelm Burger ist verwirrt. Einesteils, weil er hier sozusagen Schicksal spielen und eine Schiffskatastrophe verhindern soll, anderntteils, weil einem Film über die Titanic ohne Karambolage mit einem Eisberg doch etwas nicht Unwesentliches fehlt. „Das ist, wie - wie Jurassic Park ohne Dinosaurier oder 'Vom Winde verweht' ohne Wind".
„Happy end", mehr sagt Gattin Gerlinde nicht.
Hans Wilhelm Burger ruft erneut bei der Kabelgesellschaft an. „Ja - ja - wir nehmen die Fassung ohne Zusammenstoß mit dem Eisberg - und ohne Flimmern, wenn's geht - ja - wie? Trotzdem eine Katastrophe, ob wir das wollen? Ja - wie denn, ohne Eisberg - aha - aha - aha - aha --"
Nach dieser neuerlichen Serie von „AHA-Erlebnissen" hält Hans Wilhelm Burger den Hörer zu und informiert seine Lebens- und

Fernsehpartnerin über die verschiedenen Möglichkeiten betreffend den Ausgang des Titanic-Films:
Die sozialkritische Version, bei der es zum Aufstand der Kellner an Bord kommt, die in der Folge zu wahren Bestien werden und 1.500 Passagiere - „diese fetten Geldsäcke" - ins Meer werfen.
Oder die politische Version: Dabei wird die Titanic von grönländischen Freischärlern gekapert. Die Passagiere werden als Geiseln genommen und - nachdem sich die internationale Staatengemeinschaft nicht über die Höhe des Lösegeldes einigen kann - ins ewige Eis verschleppt. Zeitsprung zur letzten Einstellung: Man schreibt das Jahr 3010, in Grönland werden 1.500 Özis gefunden.
Gerlinde Burger will ein Happy end.
Hans Wilhelm Burger gibt auf und bestellt via Telefon: „Wir nehmen die Version, bei der der - Dings --"
„Di Caprio", hilft Gerlinde aus.
„-- der - Carpio - die Dings - die --"
„Kate Winslet"!
„ -- die Wait Kinslet - äh - heiratet - und dann - wie? Die erotische Fassung - Gerlinde willst du die erotische -?
„Untersteh dich!"
„Hallo, ja - sind Sie noch dran - ja - also, meine Frau will die erotische Version nicht - aber wenn Sie mir kurz am Telefon ein paar Details schildern könnten --"
„Hans Wilhelm"!
Gatte Burger fühlt sich ertappt. „Hallo - ja - also - die jugendfreie Version - mit Happy end - aha - wieder ein Zeitsprung vor der Schlusssequenz - ah - Jack und Rose, Caprio und seine Dings, ich weiß - aha - die beiden im Altersheim - umgeben von ihren Enkelkindern - Nachkommen ohne Sex, ha? Ach so - sie haben sämtliche Kinder adoptiert, die auf der Titanic waren - ah - gut - gekauft - danke vielmals!"
Erschöpft lässt sich Hans Wilhelm Burger in seinen Fernsehsessel fallen, wohlwollend nimmt er den Dankbarkeitskuss seiner Gerlinde für das zu erwartende Happy end entgegen.
Zwar flimmert es immer noch, aber die Freude über den bevorstehenden glücklichen Verlauf der Jungfernfahrt der Titanic lässt die Burgers die technischen Störungen vergessen.
Nach einer guten Stunde verfehlt die Tatanic einen riesigen Eisberg nur knapp. Geschockt und Dankgebete gen Himmel richtend, versammeln sich Mannschaft und Passagiere an Deck. Di Caprio flüstert seiner Kate ins Ohr: „Wenn unser schönes Schiff gegen diesen Eisberg gestoßen wäre, Liebste, das hätte eine Katastrophe gegeben, Gott, wir wären alle ertrunken".
Bei den Burgers läutet das Telefon.
„He, Burger, hier Karottnitschek! Was war das, verdammt?!"

Hans Wilhelm Burger ist der Anruf unangenehm: „Was meinen Sie Herr Nachbar?"
„Wieso ist die Titanic nicht gegen den Eisberg gedonnert, verdammt?!"
Hans Wilhelm Burger sieht sich genötigt, dem forschenden Nachbarn das Prinzip des interaktiven Fernsehens zu erläutern, wobei er vorsichtshalber einschränkt, dass das Happy end eigentlich nur für den Burgerschen TV-Schirm gedacht gewesen sei.
Nachbar Karottnitschek begreift die Zusammenhänge überraschend schnell: „Sie Arsch, sorgen Sie sofort dafür, dass die Titanic untergeht! Entweder die Titanic oder Sie, Burger!"

Gattin Gerlinde versucht, ihren Ehemann aufzurichten: „Er hat keine Chance gegen dich, du bist ihm intellektuell überlegen". Während auf der Titanic ausgelassen die Errettung gefeiert wird, wählt Hans Wilhelm Burger erneut die Nummer der Kabelgesellschaft: „Hier nochmals Burger, ja, der mit dem Happy end - ja wieso, bitte sehr haben Sie meinem Nachbarn ebenfalls die Version - ach so - dasselbe Kabel - ja - dürfte nicht sein? Ist aber! Wie? Verärgert ist leicht untertrieben - Sie müssen ihm die Katastrophe ins Haus liefern, sonst passiert sie hier bei mir - ein anderer Eisberg vielleicht - wenn man will, geht alles - ja tun sie das bitte - danke schön".
Burgers nehmen wieder vor dem Fernseher Platz.
Vorerst geht die Happy-end-Version weiter. Doch plötzlich erscheinen an Deck, wo das Freudenfest voll im Gang ist, die Zillertaler Schürzenjäger. Und sie beginnen zu singen. Daraufhin stürzen sich die Passagiere reihenweise ins Meer.
Bei Burgers läutet wieder das Telefon.
„Mach dein Testament, Nachbar, das ist zuviel!".
Hans Wilhelm Burger wählt verzweifelt die Nummer der Kabelgesellschaft: „Wie? Die volkstümliche Version mit tragischem Ausgang? Bis zum vierten Lied der Schürzenjäger sind 1.500 ins Meer gesprungen?
Schön und gut! Aber mein Nachbar, der Gewalttäter, versteift sich auf einen Eisberg! Ja - unbedingt! Tun Sie was, bitte! Ja - vielen Dank --"
Hans Wilhelm Burger muss auf Klo, Gattin Gerlinde holt Bier für den Ermatteten. Inzwischen hat man bei der Kabelgesellschaft die neue Version losgeschickt.
Noch ehe die Burgers wieder vor dem Fernseher Platz nehmen können, läutet das Telefon neuerlich. Es ist Nachbar Karottnitschek: „Warum fährt die Titanic jetzt im Retourgang, Sie Arsch?!"
Tatsächlich, überzeugt sich Hans Wilhelm Burger mit einem kurzen Blick auf den Bildschirm. „Warten Sie's ab, Herr Nachbar, in ein paar Minuten hat die Titanic den Eisberg, den Sie zuerst ver-

fehlt hat, eingeholt, sie kracht im Rückwärtsgang dagegen, mehr als 1.500 Passagiere ertrinken - und die Welt ist wieder in Ordnung!"
Karottnitschek knallt wortlos den Hörer auf die Gabel.
„Gerlinde, ich glaube, wir haben's geschafft, er bekommt seine Katastrophe und ist zufrieden und - Gerlinde - Gerlinde? Wo bist du? Was machst du im Schlafzimmer, der Film --"
„Ich packe meine Sachen!"
„Warum? Wo willst du hin?!"
„Zu meiner Mutter!"
„Und wieso?"
„Weil sie einen alten Schwarz-Weiß-Fernseher hat mit nur zwei Programmen, ohne Kabel und interaktives Irgendwas - Tschüss!"

ANDREAS HOFERS NOT

oder

BALLADE VOM TIROLER, DER IN MANTUA ESSEN GING

Der Tiroler Freiheitskämpfer Andreas Hofer wurde im Jahre 1810 in Mantua erschossen. Das wird in der berühmten Ballade „Hofers Tod" („Zu Mantua in Banden...") von Julius Mosen besungen.
Heute werden waschechte Tiroler in Italien im Regelfall nicht erschossen. Sie haben aber trotzdem das Gefühl, jenseits des Brenner gefährlich zu leben, beispielsweise wenn sie essen gehen. Das wird in der folgenden Ballade von einem anonym bleiben wollenden Tiroler besungen.

Zu Mantua auf Urlaub
der Anderl Hofer war.
In Mantua zum Essen
führt ihn der Freunde Schar.
Es sehnte sich die Gruppe
nach saurer Kuttel-Suppe,
so wie im Land Tirol.

Den Rucksack auf dem Rücken,
der Anderl Hofer ging
ins Lokal mit festen Schritten,
die Preise warn gering,
und nicht wollt man hier neppen,
die Urlauber, die Deppen,
so wie im Land Tirol.

Jedoch der Speisen Karte
im schönen Mantua
schockte die Urlaubsbrüder,
nur Italienisches gabs da.
Es rief der Hofer: „Sakra!
Ich bin doch koan Itaker!
Sondern aus dem Land Tirol!"

Dem Kellner kommt das „Prego"
nicht aus dem Munde schier,
als nun der Anderl Hofer
Kuttelsuppe will und Bier.
Der Kellner muss bedauern,
Kutteln gibts nur bei den Bauern
im fernen Land Tirol!

Frutti di mare soll er nehmen,
der Anderl sprach: „Das ess ich nit!
Will lieber Hungers sterben!"
Der Kellner bringt Pommfritt
und Meeresfrüchte für den Franz,
den Sepp, den Anderl und den Hans
aus dem heiligen Land Tirol.

Zu Mantua am Klo
sitzt in seiner Qual
der Anderl Hofer
und speibt zum fünften Mal.
Dazwischen stöhnt er: „Gschieht mir recht!
Ich sterb! Gott, ist mir schlecht!
Ade mein Land Tirol!"

REISEN BILDET

oder

2000 JAHRE EUROPA IN SIEBEN TAGEN

Wenn einer eine Reise tut, dann kann er was erzählen. Vor allem, wenn es sich um eine Bildungsreise gehandelt hat. Und wenn man ein Arrangement gewählt hat, das wirklich Bildung vermittelt. Am besten möglichst viel in möglichst kurzer Zeit. „Effektives Reisen" ist angesagt. Entsprechende Angebote gibt es in jedem gut sortierten Tourismusbüro.

Kunde: Guten Tag --
Reisebüro - Angestellte: Tag - bitte schön, der Herr? Wo solls hingehen?
Kunde: Ich würd mich für eine Woche Urlaub interessieren --
Angestellte: Gerne - wollen Sie sieben Tage Sonne, Strand und Meer genießen?
Kunde: Wie kann ich das genießen? Gegen Sonne bin ich allergisch, am Strand krieg ich Kopfweh und im Meer sind die Quallen!
Angestellte: An den Stränden unserer Vertragshotels gibt es keine Quallen - das weiß jeder!
Kunde: Ob es auch die Quallen wissen?
Angestellte: Aber bitte, wählen Sie eben eine andere Art von Urlaub - etwas Anregendes!
Kunde: Das wird nicht gehen - meine Frau fährt mit!
Angestellte: Um so schöner - dann empfehle ich Ihnen eine gemeinsame Bildungsreise --
Kunde: Eine Bildungsreise?
Angestellte: Das schadet nie --
Kunde: Wie darf ich das verstehen?
Angestellte: Ich meine nur - hier, zum Beispiel - unser Top-Angebot der Saison: 2000 Jahre Europa in sieben Tagen!
Kunde (RECHNET MURMELND): 2000 - durch sieben - macht - äh - sieben -äh - in 2000 - äh --
Angestellte: Was rechnen Sie?

Kunde: Pro Tag circa 300 Jahre - ein bisserl sehr flott --
Angestellte: Aber bildend!
Kunde: Da haben Sie recht, Fräulein - man weiß ja ohnehin viel zu wenig - über Europa und die Geschichte und so --
Angestellte: Also - die Reise beginnt in Linz - an einem Samstag um drei Uhr früh --
Kunde: Aha - drei Uhr früh - Flughafen Linz-Hörsching --
Angestellte: Nicht Flughafen - Ars Electronica Center, Museum der Zukunft, Sie wissen schon --
Kunde: Um drei Uhr früh?
Angestellte: Wollen sie schlafen oder in sieben Tagen 2000 Jahre Europa erleben?
Kunde: Letzteres, verzeihen Sie --
Angestellte: Abflug Linz-Hörsching - Fünf Uhr früh - mit eigener Chartermaschine, damit wir nicht unnötig Zeit verlieren --
Kunde: Da sind wir aber nicht sehr lange im Ars Electronica Center gewesen --
Angestellte: Für einen intelligenten Menschen lange genug - von Hörsching gehts direkt nach Wien --
Kunde: Schön --
Angestellte: Schönbrunn, Sie sagen es - um 6 Uhr 30 - um 8 die Schatzkammer in der Hofburg - um 9 die Kapuzinergruft- und von 10 bis 11 das „moderne Wien" --
Kunde: Am Nachmittag wär ich gern auf dem Kahlenberg --
Angestellte: Seit wann ist der Kahlenberg in Budapest?
Kunde: Ich hab gedacht, wir sind in Wien?
Angestellte: Das waren wir am Vormittag, am Nachmittag sind wir in Budapest - Burg - Nationalgalerie --
Kunde: Und abends Zigeunermusik?
Angestellte: Wenn es in russischen Flugzeugen Zigeunermusik gibt -
Kunde: Ach - wir sitzen am Samstagabend schon in einem russischen Flugzeug - also Sonntag in Moskau?
Angestellte: Teilweise - teilweise auch in St. Petersburg --
Kunde: Gibt das auch was her, bildungsmäßig?
Angestellte: Die weltberühmte „Ermitage", ein riesiger Museumskomplex -
Kunde: Und wie lange sind wir dort?
Angestellte: Es sind 40 Minuten eingeplant --
Kunde (ZYNISCH): Wie werden wir da bloß die Zeit totschlagen --
Angestellte: Montag ist Istanbul-Tag! Die türkische Metropole am Bosporus! Von 10 bis Halbelf können Sie die „Hagia Sophia" bewundern --

Kunde: Ist das nicht diese Schauspielerin - mit den großen Augen - diese Italienerin --
Angestellte: Bei Ihnen ist eine Bildungsreise kein hinausgeworfenes Geld --
Kunde: Was wollen Sie damit andeuten, Fräulein?
Angestellte: Nichts, gar nichts - am Montag Nachmittag machen Sie den Katzensprung von Istanbul nach Athen --
Kunde: Athen sehen und sterben!
Angestellte: Von mir aus - so ersparen Sie sich wenigstens eine Reise nach Neapel - also Dienstag Früh Akropolis - zu Mittag Olympia - um Halb Zwei Delphi - dann erreichen Sie locker die Maschine nach Rom --
Kunde: Rom - die Ewige Stadt!
Angestellte: Ewig werden Sie dort nicht Zeit haben!
Kunde: Rom ist auch nicht an einem Tag erbaut worden, wie man sagt --
Angestellte: Sie sollen in Rom nichts bauen - Sie sollen sich Rom ansehen - Mittwoch bis 11 müssen Sie den Petersdom, die Vatikanischen Museen und das Kolosseum hinter sich gebracht haben --
Kunde: Wieso muß ich?
Angestellte: Pompeji interessiert Sie wohl nicht?
Kunde: Doch -aber da kann ich auch am Donnerstag hin --
Angestellte: Donnerstag sind Sie in London!
Kunde: Das hab ich nicht bedacht, Verzeihen Sie bitte --
Angestellte: Vormittags Britisches Museum - National Galerie - Tower und Westminster Abbey - am Nachmittag: Eiffelturm!
Kunde (LACHT): Haha - diesmal fall ich Ihnen nicht rein, Fräulein! Der Eiffelturm ist ja gar nicht in London!
Angestellte: Bravo - und was schließen Sie daraus, messerscharf?
Kunde: Dass wir am Nachmittag schon in Brüssel sind!
Angestellte: Knapp daneben -Paris!
Kunde: „Der Liebe wegen"!
Angestellte: Der Bildung wegen! Notre Dame - Louvre --
Kunde: Und Paris bei Nacht?
Angestellte: Selbstverständlich, das gehört zur Bildung - um 9 beginnt die Vorstellung!
Kunde: Im Moulin Rouge?
Angestellte: In der Pariser Oper - „Der Ring der Nibelungen" komplett - von „Rheingold" bis zur Götterdämmerung" - in einem durch - auf Französisch --
Kunde: Wenn schon, denn schon --
Angestellte: Dafür ist am Freitag praktisch Ruhetag --
Kunde: Ach ja?

Angestellte: Ja - wir hüpfen nur mal rasch über die Loire-Schlösser und Versailles hinauf nach Amsterdam und Kopenhagen-
Kunde: Ist ja nicht der Rede wert --
Angestellte: Am Samstag, dem letzten Tag unserer Bildungsreise durch 2000 Jahre Europa, machen wir in Stockholm und Helsinki Station, ehe wir uns über Krakau und Dresden ganz gemütlich wieder der Heimat zuwenden -
Kunde: Schon?
Angestellte: Nun ja - die Kunsthalle Hamburg dürfen wir natürlich nicht übergehen - wenn wir ohnehin schon in Berlin sind --
Kunde: Liegt ja praktisch auf dem Weg --
Angestellte: Sehr richtig - genau wie der Kölner Dom - und das Grabmal von Karl dem Großen --
Kunde: Im Dom?
Angestellte: Ja - zu Achen - und mit einem Besuch der berühmten „Porta Nigra", dem Schwarzen Tor, schließt sich der Kreis der Geschichte --
Kunde: In Achen --
Angestellte: Aber nein, wir sind doch schon längst in Trier!
Kunde: Verzeihung, bitte - es ging alles so schnell - und wann kehren wir nach Linz zurück?
Angestellte: Am Samstag um 23.55 Uhr!
Kunde: Sie nehmen es aber sehr genau --
Angestellte: Nur zu Ihrem Vorteil - denn wenn wir nach Mitternacht zurück kommen würden, dann müssten Sie auch den Sonntag zahlen - also, das wäre dann in groben Zügen unser Top-Bildungs-Arrangement „2000 Jahre Europa in sieben Tagen"! Haben Sie noch Fragen dazu?
Kunde: Nein - äh - ja - doch - eine Frage hätte ich noch, Fräulein - wenn wir zurück kommen, nach dieser einen Woche - am Samstag, um 23.55 Uhr --
Angestellte: Ja?
Kunde: Welcher Nervenarzt in Linz hat dann Nachtdienst??!!

„UND DEIN ZUG FÄHRT DURCH DIE NACHT"

oder

NERVEN SPAREN - SCHLAFWAGEN FAHREN

Reisen bildet nicht nur, reisen ist auch eine Möglichkeit, Menschen kennen zu lernen, Kontakte zu knüpfen und seinen eigenen Horizont zu erweitern.
Manchmal begegnet man schon bei der Fahrt in den Urlaubsort netten Leuten.
Zum Beispiel, wenn man nächtens in einem Schlafwagen der Bahn unterwegs ist.

1. Reisender (RÄUSPERT SICH HÖRBAR, KURZE STILLE, DANN): Entschuldigen Sie, Herr Nachbar - hallo - Herr Nachbar --
2. Reisender (SCHRECKT AUS DEM SCHLAF): Äh - ja - was ist los?
1. Reisender: Schlafen Sie?
2. Reisender (VERÄRGERT): Jetzt nicht mehr --
1. Reisender: Gestatten Sie - Müller-London - aber ich komme nicht aus London, ich heiße nur London - so wie der Schriftsteller - Jack London - Herbert - mein Name ist Herbert - Herbert Müller-London aus Böheimkirchen --
2. Reisender (SEUFZT): Klein - Werner - Linz - gute Nacht!
1. Reisender: Gute Nacht --

KURZE STILLE.

1. Reisender: Es ist meine erste Nacht in einem Schlafwagen, müssen Sie wissen, Herr Klein --
2. Reisender (BRUMMT): Muss ich nicht wissen - schlafen Sie gut!
1. Reisender: Es ist irgendwie - ungewohnt, finden Sie nicht - ein Bett auf Rädern --
2. Reisender: Ich fahr' immer im Schlafwagen - besonders in den Schiurlaub! Kein Stress, keine Probleme mit Eis und Schnee auf den Straßen - einfach erholsam --
1. Reisender: Das stimmt - während der Reise schläft man - und am Urlaubsort kommt man putzmunter an!

2. Reisender: Hoffentlich - Gute Nacht, Herr Müller-London --
1. Reisender: Danke - wünsche gleichfalls wohl zu ruhen --

WIEDER KURZE STILLE:
1. Reisender: Entschuldigen Sie, Herr Klein - eine Frage noch --
2. Reisender: Ja?
1. Reisender: Sind sie eigentlich angeschnallt? Bei meinem Bett ist nämlich kein Gurt --
2. Reisender: Wozu denn?
1. Reisender: Wenn der Zug bergwärts fährt, roll' ich aus dem Bett!
2. Reisender: Sie sind doch kein Fußball!
1. Reisender: Darf ich Sie über die Gesetze der Schwerkraft in Verbindung mit der Fliehkraft aufklären --
2. Reisender: Dürfen Sie nicht! Gute Nacht!!

WIEDER KURZE STILLE.
1. Reisender: Ich störe Sie nur ungern, Herr Klein - aber wir liegen doch im Zug nach Kitzbühel?!
2. Reisender: So ist es --
1. Reisender (BEGINNT PLÖTZLICH ZU LACHEN): Hahahaha!
2. Reisender: Was ist denn jetzt??
1. Reisender: Ich hab mir grade unsere Gesichter vorgestellt, wenn wir morgen früh aufwachen - und wir sind nicht in Kitzbühel, sondern, weil wir den falschen Zug genommen haben, beispielsweise - sagen wir - in Athen - in voller Skiausrüstung - hahaha --
2. Reisender: Sowas Idiotisches!
1. Reisender: Mehr als idiotisch -Skifahren in Athen! Gibts auf der Akropolis einen Skilift?
2. Reisender: Das weiß ich nicht!
1. Reisender: Soll ich den Schaffner fragen?
2. Reisender: Obs auf der Akropolis einen Schilift gibt?!
1. Reisender: Nein - ob wir uns im Zug nach Kitzbühel befinden - oder nach Athen?
2. Reisender: Ich möchte jetzt, bitte, schlafen!
1. Reisender: Wie Sie meinen - lassen wir's drauf ankommen --

WIEDER STILLE:
1. Reisender: Darf ich Sie noch um einen Gefallen bitten, Herr Klein?
2. Reisender (SEUFZT): Was ist denn nun wieder, um alles in der Welt?
1. Reisender: Würden Sie sich bitte Watte in die Ohren stecken?

2. Reisender: Was?! Hören Sie - machen wir's einfacher: Sie halten endlich die Klappe, dann brauch' ich keine Watte in den Ohren, OK?!
1. Reisender: Es geht mir um etwas anderes - ich - ich - spreche leider im Schlaf --
2. Reisender: Du meine Güte - im Schlaf auch noch?!
1. Reisender: Und ich fürchte, ich könnte im Schlaf Dinge sagen, die nicht für fremde Ohren bestimmt sind --
2. Reisender: Ich kann Sie beruhigen, Herr Böheimkirchen -
1. Reisender: London - aus Böheimkirchen -
2. Reisender: Sie reden vielleicht im Schlaf - aber ich höre nicht, wenn ich schlafe - wie gesagt, wenn ich einmal schlafe!
1. Reisender: Darf ich Sie dann höflich ersuchen, jetzt zu schlafen?
2. Reisender: Tz!

WIEDER STILLE.
1. Reisender (MIT EINEM AUFSCHREI): Himmel!!
2. Reisender (SCHRECKT AUF): Was ist? Was haben Sie?
1. Reisender: Es ist Vollmond!
2. Reisender: Na und? Ziehen Sie den Vorhang zu, wenn Sie auch noch mondsüchtig sind!
1. Reisender: Nicht ich - aber vielleicht der Lokführer!
2. Reisender: Was??
1. Reisender: Haben Sie nicht den Bericht von dem mondsüchtigen Flugkapitän gelesen - bei Vollmond hat er plötzlich den Kurs gewechselt - Richtung Mond - und dann ist die Maschine mit den 180 Passagieren immer weiter --
2. Reisender (UNTERBRICHT IHN): Hören Sie auf! Das interessiert mich nicht! Ich will meine Ruhe!
1. Reisender: Schreien Sie doch nicht so! Ich meine es ja nur gut mit uns! Wir müssen eine Nachtwache organisieren - und sobald der Zug die Richtung wechselt, muss sofort die Notbremse gezogen werden - das ist der Vorteil bei einem Zug - ein Flugzeug hat keine Notbremse --
2. Reisender: Sie können machen, was Sie wollen - aber ich, ich fahre mit dem Schlafwagen, um zu schlafen, sonst nichts!
1. Reisender (BELEIDIGT): Egoist - statt dass wir uns die Nachtwache teilen würden - bleibt wieder alles an mir hängen --

WIEDER KURZE STILLE.
1. Reisender (BEGINNT VOR SICH HIN ZU PFEIFEN; MELODIE „UND DEIN ZUG FÄHRT DURCH DIE NACHT ...")
2. Reisender: Jetzt reichts mir!
1. Reisender: Mein Gott, ich muss ein wenig pfeifen, sonst bleib ich nicht wach - was machen Sie denn, Herr Klein?!
2. Reisender (PACKT ZUSAMMEN): Ich such' mir ein anderes Abteil!
1. Reisender: Sie sind aber ein unruhiger Mensch --
2. Reisender: Wissen Sie, was Sie sind?!
1. Reisender: Sagen Sie jetzt nichts, was Ihnen später leid tut --
2. Reisender: Ach was -Habedere, Herr Böheim-
1. Reisender: London --
2. Reisender: Dann halt Good Night! (MAN HÖRT, WIE ER DAS ABTEIL VERLÄSST)
1. Reisender: Und wo wollen Sie jetzt hin, mitten in der Nacht? Der Zug ist voll, da ist kein Abteil frei --
2. Reisender (ENTFERNT): Dann schlaf' ich auf dem Klo!
1. Reisender (RUFT IHM NACH): Weil sie's grade erwähnen - wo ist denn hier die nächste Toilette in dem Zug? Hallo? Herr - Klein - hallo - Herr Klei- hm so ein unhöflicher Mensch - (MAN HÖRT IHN ÜBER DEN GANG DES WAGGONS GEHEN) - Hier muss doch irgendwo - das WC - ah, das ist es - (ER KLOPFT AN DIE WC-TÜR): Gerlinde -Schatz? Ja -du kannst jetzt raus kommen - in meinem Abteil ist ein Bett frei geworden!!

GRUSS AUS KALKUTTA

oder

URLAUB AUF DEN SPUREN VON MUTTER TERESA

*Sonne, Strand und Meer - dieser Urlaubstraum
hat bei vielen Leuten ausgedient. Man sucht
das Erlebnis, man sucht Erfahrungen der
etwas anderen Art, man sucht den ultimativen
Urlaubs-Kick! Daraus hat sich eine neue
Sparte des Fremdenverkehrs entwickelt: Der
„Sensations-Tourismus". Es werden die
Stätten großer Schlachten, Katastrophen und
Tragödien bereist. Kaum passiert
irgendwo ein Unglück, gibt es kurze Zeit
später die ersten Busfahrten dorthin. Und
der moderne Urlauber verschließt auch nicht -
wie Generationen vor ihm - die Augen vor dem
Elend in der Welt, im Gegenteil, er besucht es.
Zum Beispiel auf den Spuren von Mutter Teresa.
Um dann den Daheimgebliebenen einen Brief
aus der Realität zu schreiben.*

Kalkutta, 21. August 2001

Meine Lieben!
Wie geht es Euch? Mir geht es gut. Jetzt sind wir schon den fünften Tag da in Kalkutta. Das ist in Indien, wenn der Franzi fragt. Zeigts es dem Buben auf dem Globus, wo Indien ist, damit er was lernt. Der Globus vom Opa muß in der Speis sein, rechts oben hinter der Marmelad.
Kalkutta hat, glaub ich, zehn Millionen Einwohner, so circa. Der Franzi soll sich das so vorstellen wie die Kärntnerstraßn am dritten Einkaufssamstag vor Weihnachten, so ein Gwurlat, nur weniger Tschechen und Polen, dafür mehr Inder, erklärts es ihm auf die Art. Die Inder, die gehören nach Kalkutta, zum Unterschied von der Tschechen und Polen in Wien.
Der Flug war soweit in Ordnung, nur das Bordservice war zum Krenreibn, sag ich Euch. Zuerst servierns mir zum Schnitzl Petersilienkartofferln, „ich möcht einen Reis", sag ich zur Stuardess,

„damit ich mich mental einstellen kann auf Indien". „Reis habn wir nicht an Bord", sagt die Stuardess, die dumme Gans. Wie wenns in Indien Petersilienkartofferln essen würden. Dann wollts mir Pommes bringen. „Und Sie glauben, die Müllmenschen in Kalkutta ernährn sich von einer Handvoll Pommes Frittes am Tag?", hab ich die Stuardess gefragt. Da hats, glaub ich, gemerkt, daß sie einen Menschen vor sich hat, der sich was denkt. Zu Fleiß hab ich das Schnitzl ohne Beilagn gegessen. Und dann hab ich den Vorschlag gemacht, sie sollen ein Video vorführen, das ich mithab, über das Elend auf der Welt, zur mentalen Vorbereitung auf Indien. Ich glaub, wir habns dem Franzi eh schon gezeigt, das Video, „Das Hungerödem im Wandel der Zeit", heißts, fragts den Franzi, was ein Hungerödem ist, ob er sichs gemerkt hat. „Der Herr Kapitän hat die Vorführung verboten", sagt die Stuardess zu mir. So eine Nebochantenpartie!

Das Hotel kann man lassen, Klimanlag und Color-TV im Zimmer, indisches Programm halt. Viel so Sachen, wo man die Landschaft sieht, wahrscheinlich so Sendungen wie „Klingendes Österreich" auf Indisch, mit einem Moderator, der ausschaut, wie der Sepp Forcher im Sari („Sari" , das ist ein typisch indisches Gwand, wenn der Franzi fragt).

Und heiß ist es da, na servas, 45 Krügerln im Schatten. Aber das ghört dazu, wir sind ja nicht auf den Spuren der Polarforscher sondern von der Mutter Teresa unterwegs, könnts dem Franzi erklären.

Am zweiten Tag warn wir dann endlich bei den Ärmsten der Armen, das heißt, zuerst habn wir eine Slum-Rundfahrt mit dem Bus gemacht. Leider warn die Erklärungen vom Führer auf Englisch, drum hat man nie genau gewußt, wann die wirklich harten Motive kommen, aber ich hab schon einiges photographiert, damit ich Euch was zeigen kann, dem Franzi vor allem.Ruhig halten tuns ja, die Leut in den Slums, beim Photographieren. Weils überhaupt ziemlich ruhig sind, direkt apathisch sitzens auf der Straßn. Ich mein, als Tourist würd man sich natürlich schon ein bisserl mehr Kontakt erwarten, ein bisserl eine Ansprach, man will ja mit dem Volk ins Reden kommen. Ich mein, ich flieg ja nicht um teures Geld ein paar Tausend Kilometer, dass dann die Ärmsten der Armen nicht Muh und Mäh sagen! Die werden auch noch viel lernen müssen im Fremdenverkehr. Aber wahrscheinlich können eh die wenigsten Deutsch, es soll ja mit dem Schulsystem nicht weit her sein, da in Kalkutta, das hat schon die Mutter Teresa gewusst. Man merkt das natürlich auch bei den Kindern, keine Erziehung, keine Kultur, keine Disziplin. Ich bin ja ein herzensguter Mensch, das wissts eh, aber einen Geldscheißer hab ich auch nicht, dass ich jedem indischen Bankert was geben könnt. Und dann hat mir so ein Gfrast,

ein indisches, den Mittelfinger zeigt, eh klar, was der gmeint hat, das sollts dem Franzi gar nicht erzählen.
Am nächsten Tag haben wir dann einen „geführten Spaziergang zu den Müllmenschen" gmacht, war zwar separat zu zahlen, aber hat sich rentiert. „Müllmenschen", wie könnts das dem Franzi erklären? Die Müllmenschen, sagts ihm, die schaun circa so aus wie der Rudi-Onkel als er vorigen Sommer bei unserer Barbecu-Party übern Griller gstolpert und in Komposthaufn gfalln ist, da hat er eh so glacht, der Franzi, bis ihm der Karli-Onkel eine klescht hat, so ungefähr soll er sich die Sach mit den Müllmenschen in Kalkutta vorstellen, nur halt ohne Watschn.
Und stinken tuts da, ärger als bei der Navratil am Häusl! Aber das sind halt die bleibenden Eindrücke, die man von so einem Urlaub mit nach Haus nimmt, wennst den Gestank gar nicht mehr rausbringst aus den Bermuda-Shorts!
Und erst die Leprakrankn, ich sag Euchs, sowas sieht man in Jesolo nicht! Ich leg diesem Brief ein paar Ansichtskarten von den Leprakranken bei, damits Euch was vorstellen könnts. Nur wenn der Franzi fragt, wie das ist, wenn einer Lepra hat, dann sagts ihm, es ist besser, wenn ers nicht weiß, weil dafür ist er noch zu klein. Und wenn er fragt, wie man Lepra kriegt, dann sagts vom heimlichen Rauchen. Und dass die Mutter Teresa nie heimlich graucht hat, das könnts dem Franzi auch sagen. Überhaupt, die Mutter Teresa, das war schon eine klasse Frau, ehrlich, ich sags Euch! Kennts ihr die Gschicht, wie der Papst in Bombay war und ihm irgendwelche Amerikaner einen weißen „Lincoln" gschenkt habn, wissts eh, so einen Luxusschlitten, und der Heilige Vater hat den Lincoln der Mutter Teresa weitergschenkt, aber die Mutter Teresa, die hat ihn nicht behalten sondern sie hat den Lincoln versteigert und das Geld den Leprakranken gegeben. So wars, die Mutter Teresa, echt! Also ich persönlich, ich weiß nicht, ob ich das zusammenbringen␣ät, wenn mir der Papst einen weißen Lincoln schenkt. Andererseits, in den Slums da ist ein Lincoln sowieso ein Schaß, bei den engen Straßen, wird sich die Mutter Teresa gedacht habn. Könnts Euch vorstellen, daß die Schwestern von der Mutter Teresa ihrem Orden jeden Tag 9.000 Inder verköstign? Davon könnens bei McDonalds nur träumen, sag ich Euch.
Gestern warn wir dann in so einem „Haus für Sterbende", wies die Mutter Teresa eingricht hat, natürlich war die Führung wieder gegen Aufpreis, aber es war das Geld wert. Ich mein, wo gibts denn bei uns ein Haus für Sterbende mit zweistündiger Führung? Wenn der Franzi fragt, in dem Haus für Sterbende sind Leut, dies nimmer lang packen, und die meisten habn schon als Kinder heimlich graucht, sagts dem Buben. Irgendwie ist es fast ein bisserl depremierend, so ein Haus für Sterbende. Nach die zwei Stund hab ich richtig das

Bedürfnis ghabt, was für die Leut zu tun. Hab ich mir gedacht, heiterst sie ein bisserl auf, die Sterbenden. Habn wir gemeinsam gsungen „Kalkutta liegt am Ganges, Paris liegt an der Seine, und dass ich so verliebt bin, liegt nur an Dir Madlein". Es war echt gute Stimmung, alle Touristen habn mitgsungen, menschlich sehr berührend, sag ich Euch.

Morgen gibts einen Ausflug nach „Aschalayam" oder so ähnlich, ich weiß nicht genau, wie man das schreibt. Es ist so eine Art Heim für Straßenkinder in Kalkutta. „Straßenkinder", das erklärts dem Franzi so, dass das kleine Kinder sind, die am Anfang immer nicht pünktlich zHaus kommen sind, bis dann die Eltern gsagt habn: „Jetzt schleichts Euch überhaupt, Ihr Gfraster", und jetzt müssens ständig auf der Straßn bleibn, außer, glaub ich, wenns in dem Aschalayam-Haus aufgenommen werden, irgendwie. Ich nehm morgen sowieso meine Videokamera mit, das können wir dann gemeinsam anschaun, wenn ich wieder daheim bin, auch der Franzi. Habts Ihr übrigens gewusst, dass circa 15 Schilling genügen, damit so ein Straßenkind eine Wochn lang was zum Essen hat? Na ja, es wird halt alles sehr billig sein, da in Kalkutta, die Fruchtzwerge und das Nutella und die Iglo-Fischstäbchen und alles, weil sonst kommst mit 15 Schilling in der Wochn nicht hin. Und der Reis auch, stell ich mir vor, der wird auch nicht viel kosten, gibt ja genug davon in Indien.

Apropos Reis, suchts mir die Adress von den Indian Airlines heraus, damit ich mich, wenn ich heimkomm, beschweren kann, über das Bordservice und die Stuardessn!

Damit schließe ich mein Schreiben für heute, weil ich mich für den Folklore-Abend in unserem Hotel umziehen muß, „Tanz der Fakire" und „Schlangenbeschwören für Anfänger" solls gebn, wird eine Hetz, glaub ich.

Grüßts mir alle von Herzen, besonders den Franzi, und er soll sich alles merken, was ich in diesem Brief gschrieben hab, speziell was das Rauchen anbetrifft und das Zuspät-Heimkommen, damits ihm nicht auch so geht wie den Leprakranken und den Straßenkindern.

Es küsst Euch Euer Joschi, dzt. auf
den Spuren von Mutter Teresa unterwegs.

DER „SCHURLINATOR"

oder

WENN DER VATER MIT DEM SOHNE SKIER KAUFEN GEHT

Es soll angeblich, knapp nach der letzten Eiszeit, der Brauch gewesen sein, das Skifahren mittels zweier ganz normaler Skier auszuüben. Wer heute mit solchen „Bretteln" bei einem Skilift erscheint, würde gemäß den Allgemeinen Beförderungsrichtlinien gar nicht mitgenommen. Spezialisierung und eine enorme Vielfalt kennzeichnen das moderne Skiangebot, gepaart mit einer Unmenge an vermeintlichen oder tatsächlichen Faktoren dafür, warum gerade diese oder jene Skier für diesen oder jenen Käufer die optimalen seien. Es hat sich eine eigene Terminologie entwickelt, eine Mischung aus Fachausdrücken und verbaler Schaumschlägerei. Jedenfalls zeugt es von beachtlichem Mut, wenn ein Vater ohne besondere Vorkenntnisse mit seinem Sohn ins Sporthaus geht, um einfach ein paar Skier zu kaufen.

(DIE SZENE BEGINNT AUF DER STRASSE, VOR DEM SPORT-ARTIKELGESCHÄFT)
Vater (VERÄRGERT): Jetzt komm schon, Schurli, sonst wirds Frühling und wir haben immer noch keine neuen Ski für dich!
Sohn: Ich will keine Ski, ich will ein Snowboard!
Vater: Fixnocheinmal, mit deinem depperten Snowboard! Ich fahr Ski, die Mama fährt Ski, deine Schwester fahrt Ski - und darum fahrst du auch Ski, basta!
Sohn: Snowboard ist in!
Vater: Snowboard ist in! Snowboard ist in! Wer sagt denn das?!
Sohn: Alle meine Freund!
Vater: So! Deine Freund! Aha! Und was wird im Fernsehen gezeigt? Jeden Tag? Stundenlang? Skifahrn!
Sohn: Ja, im Fernsehen --
Vater: Die werden wohl besser wissen, was ein gscheiter Sport ist!

Snowboarden! Ha! Das bringens höchstens ganz am Schluß von der Sendung, nachher kommt nur mehr Damenfußball und Pfitschigoggerln, so schauts aus!
Sohn: Ich möcht aber ein Snowboard und keine Ski!
Vater: Schurli, hör zu - wenn der Hermann Maier von seinem Vater ein Snowboard und keine Ski bekommen hätt, dann wär er heut nicht der Hermann Maier --
Sohn: Wer wär er dann?
Vater: Er wär natürlich der Hermann Maier, aber nicht d e r Hermann Maier, sondern irgendein Hermann Maier, begreifst denn das nicht, blöder Bub? Der „Herminator" wär er nicht!
Sohn: Vielleicht wär er der Herminator im Snowboarden --
Vater: Im Snowboarden gibts keinen Herminator!
Sohn: Und warum nicht?
Vater: Weil - weil - Herrgottfixnocheinmal, weisst was, am liebsten würd ich dir --
Sohn: Halt, keine Gewalt!
Vater (RUHIGER): Schau, Schurli, du willst doch auch einmal berühmt werden, als Sportler - so wie der Herminator --
Sohn: Eh --
Vater: Na siehst - da darfst im Fernsehen Interviews geben - und für irgendwas werben und so - und Geld verlangen, soviel du willst - ist doch fesch, oder?
Sohn: Eh --
Vater: Also willst doch ein Star werden, stimmts?
Sohn: Eh - mit dem Snowboard!
Vater (VERLIERT DIE GEDULD): Aus! Schluss! Ski werden kauft! Und du, du folgst und wirst im Skifahren Weltcupsieger und sonst nirgends - gemma!

(SIE BETRETEN DAS GESCHÄFT)
Verkäufer (FREUNDLICH): Guten Tag --
Vater: Wir hätten gern Ski --
Sohn (ZUM VATER): Du hättest gern Ski, Papa --
Verkäufer (ZUM VATER): Also Skier für den Herrn?
Vater: Nein - für den Buben - (ZUM SOHN): Einmal, wennst noch dazwischen redst --
Sohn: Halt, keine Gewalt!
Vater (ZUM VERKÄUFER; ETWAS VERLEGEN): Ein lustiger Bub, net? Tja - also - was gibts denn da so - für einen sehr begabten Dreizehnjährigen?
Verkäufer: Fährt er im Jugendkader?
Vater: Noch nicht, aber demnächst - mit gscheite Ski --
Verkäufer: Darf ich Ihnen unser benützerorientiertes ZGKK vorstellen?

Vater: Was?
Verkäufer: Unser benützerorientiertes Ziel-Gruppen-Kriterien-Konzept, ZGKK --
Vater: Interessant, pass gut auf, Schurli --
Verkäufer: Bei diesem Konzept gibt es verschiedene Zielgruppen, die sich durch bestimmte Kriterien definieren, benützerorientiert --
Vater: Aha - hast das verstanden, Schurli?
Sohn: Nein --
Vater: Ich auch nicht - aber ich bemüh mich wenigstens! (ZUM VERKÄUFER): Also, welche - Gruppen - gibts denn da?
Verkäufer (SEHR SCHNELL): Top-Speed-Downhill-Racer, sportoptimierter Allroundler, bewegungsintensiver Komfortfahrer, fortgeschrittener Hobbyläufer, Einsteiger, Wiedereinsteiger, Wieder-Wiedereinsteiger sowie On-Piste- und Off-Piste-Individualist - und was ist der Bub?
Sohn: Ein Snowboarder!
Vater (ZUM SOHN): Kusch! - (ZUM VERKÄUFER): Äh - wie war das - jetzt äh --
Verkäufer: Hat Ihr Sohn eine speedorientierte Fahrtechnik mit Beschleunigungsvariationen?
Vater (ZUM SOHN): Hast sowas, Schurli?
Sohn: Weiß ich net --
Vater: Was hat denn der Turnlehrer gsagt?
Sohn: Der fahrt Snowboard --
Vater (ZUM VERKÄUFER): Sehn's da habn wirs - unser Schulsystem!
Unsere Herrn Lehrer! Was tuns - sie bringen die Kinder auf blöde Gedanken!
Verkäufer: Ist er ein dynamischer Allroundler, der Bub?
Vater (ZUM SOHN): Bist dynamisch, Schurli?
Verkäufer (ZUM SOHN): Machst Umsteigeschwünge mit teilweise gerutschtem Steuerverhalten im mittelschweren Pistenbereich, Burli?
Vater (ZUM SOHN): So sag doch endlich was, blöder Kerl!
Sohn: Halt, keine Gewalt!
Verkäufer (ZUM SOHN): Welchen Stellenwert hat für dich beim Skifahren die Funktionalität, Kleiner?
Sohn: Ich möcht ein Snowboard!
Vater: Nächstes Mal soll die Mama mit dir Ski kaufen gehn, das sag ich Dir!
Verkäufer (ZUM VATER): Ist Ihr Sohn einer, der gern den Schwung auf der Kante zieht? Mag er mittlere Schwungradien?

Oder absolviert er Richtungsänderungen mit leicht aufgekanteter Skistellung?
Vater: Äh - ich könnt - seine Mutter - übers Handy fragen --
Verkäufer: Ich schlage vor, wir werfen einmal einen Blick auf unsere aktuellen Skimodelle - hier - bitte schön --
Vater: Was sagst, Schurli - sind das Ski! Ich in deinem Alter, ich hätt meinem Vater auf den Knien gedankt, wenn ich solche Ski bekommen hätt!
Sohn: Aber ich, ich möcht --
Vater (HOLT AUS): Sags nicht, sonst --
Sohn: Halt, keine Gewalt!
Vater (ZUM VERKÄUFER): Können'S uns die Ski ein bißerl erklären --
Verkäufer: Sehr gerne - also - hier - (WIEDER SEHR SCHNELL): Das Racingmodell mit optimaler Kraftübertragung und Direkt-Response der Steuerbefehle - hier der Performance-Ski mit ausgesuchter Lebendigkeit im breiten Einsatzbereich, hier der bewegungsfreudige Allroundski mit superweitem Drehmoment und aerogener Schwingdynamik - und da das besonders fehlerverzeihende Kreativmodell mit spezieller Längs- und Drehsteifigkeit!
Vater: Äh - wissen Sie zufällig, mit welchem der Hermann Maier gefahren ist, wie er 13 war?
Verkäufer: Bedaure --
Vater (ZUM SOHN): Und deine Freund, die nicht mit dem blöden Snowboard fahrn, was haben denn die für Ski?
Sohn: Carving-Ski, glaub ich --
Vater: A ja - Carving, eh klar - (ZUM VERKÄUFER): Was gibts denn auf diesem Gebiet?
Verkäufer: Da hab ich nur mehr Auslaufmodelle - Carving ist out --
Vater: Out, was heißt out?
Sohn: Schnee von Gestern, Papa --
Verkäufer: Wir haben derzeit die Anti-Carving-Welle - hier - sehen Sie --
Vater (LACHT): Was sind denn das für witzige Ski?
Verkäufer: Der Carving-Ski war, wenn Sie sich erinnern, in der Mitte tailliert - und dieses Modell ist genau das Gegenteil - in der Mitte ausgebuchtet, vorne und hinten dafür schmal - Konvex-Ski sagt man dazu --
Vater (AMÜSIERT): Statt tailliert jetzt wampert!
Sohn (LACHT AUCH)
Vater (ZUM SOHN): Brauchst gar net so blöd lachen, sonst --
Sohn: Halt, keine Gewalt!
Vater: Also, willst so einen Konvex-Ski?
Sohn: Was ich will, weißt eh --

Vater (ZUM VERKÄUFER): Was bringt denn das, das Wamperte?
Verkäufer (WIEDER SEHR SCHNELL): Dieser Ski erlaubt eine außerordentliche Dynamik, die mit einer Beschleunigung in der Schwungphase komplettiert wird und durch die permanente und aktive Verlagerung des Körperschwerpunkts ein ultimatives Konvexing ermöglicht!
Vater: Klingt gut, hm, Schurli? - (ZUM VERKÄUFER): Was kost denn so ein Paar?
Verkäufer: Den Konvex-Ski gibts nicht paarweise?
Vater: Nur einzeln?
Verkäufer: Nein - nur in Quattro-Ausführung!
Vater: Quattro?
Verkäufer: Ja - hier- vier Ski - zwei für die Füße und zwei für die Hände - Quattro! Der Konvex - Quattro garantiert in jeder Lage das optimale Feeling! Speziell in der Hocke im Extremspeed - Segment, weil Sie mit den Skiern auf den Händen die beste Linie wählen können - man spricht auch vom Doppel-Schienen-Effekt - haben Sie davon noch nichts gehört?
Vater: Äh - sicher - es ist mir nur - äh - im Moment - entfallen - äh - (ZUM SOHN) Na, Schurli, was sagst? Wär das was? Schurli? Schurli! Wo bist denn wieder! Schurli, was machst denn dort drüben?
Sohn (RUFT HERÜBER): Papa - die Ski sind megageil!
Verkäufer (WÄHREND ER MIT DEM VATER HINÜBER GEHT): Ich gratuliere Ihnen zu Ihrem Sohn - er hat mit Kennerblick unsere allerneueste Kreation entdeckt - den Motor-Ski!
Vater: Das gibts doch nicht!
Verkäufer: Und ob! Der Motor-Ski ist die ultimative Antwort auf die Frage der qualifizierten Beschleunigung im Alpinsport!
Vater: Geh!
Verkäufer: Wenn ich es Ihnen erklären darf - hier - auf jedem Ski befindet sich ein Mini-Ein-Zylinder-Zweitaktmotor, luftgekühlt mit 20 Kubikzentimetern und 0,4 KW bei 2.960 Umdrehungen in der Minute - und das hier ist der Tank - wenn er voll ist, reicht er für zehn Abfahrten mit Durchschnittslänge - natürlich wird nur bleifreies Benzin verwendet, wegen der Umwelt, versteht sich --
Vater: Unglaublich!
Verkäufer: Sie sind beeindruckt?
Vater: Nein - entsetzt - Ski mit einem Motor! Ha! Wo bleibt denn da der Sport?! Die körperliche Herausforderung?!

	Das Erlebnis des Ringens mit dem weißen Element?!
	Wo bleibt das faire Spiel der Kräfte von Mensch und Natur?!
Sohn:	Ist ja ätzend, dieses Gesülze --
Vater	(ZUM SOHN): Hast was gsagt?
Sohn:	Papa - ich hab mirs überlegt --
Vater:	Und?
Sohn:	Ich möcht die Ski mit dem Motor!
Vater:	Ein paar Watschn kannst haben!
Sohn:	Halt, keine Gewalt!
Vater:	Ich unterstütz doch nicht so eine perverse Art von Wintersport!
Verkäufer:	Also „pervers", das verbitte ich mir! In unserem Sortiment ist nichts pervers, wir sind ein anerkanntes Sporthaus, kein Sex-Shop!
Vater:	Sie haben sich überhaupt nichts zu verbitten, Sie! Zuerst reden'S gschwolln daher, dass man sich nicht mehr auskennt - und dann wolln'S einem unschuldigen Dreizehnjährigen Ski mit einem Motor andrehn - das ist ja - Verführung Minderjähriger ist das -Sie --
Verkäufer:	Das nehmen Sie zurück!
Vater:	Gar nix nehm ich zurück, Sie - Sie Kinderschänder - ein Wort noch, und Sie lernen mich kennen --
Verkäufer:	Halt, keine Gewalt!
Vater:	Glauben'S vielleicht, der Hermann Maier ist als Bub mit einem Motor-Ski gefahren, glauben Sie das?!
Verkäufer:	Damals hat es dieses Modell noch nicht gegeben --
Vater	(ZUM SOHN): Komm, Schurli - wir gehn!
Sohn:	Wohin?
Vater:	In die Snowboard-Abteilung! Einer muß ja der erste sein, der mit dem Snowboard ein Star wird - gemma „Schurlinator"!

FINANZAMT ORANGE

oder

DAS WIRKLICH NERVENZERFETZENDE REALITY-TV

Big Brother war nett. Auch in Taxi Orange war es irgendwie lustig anzusehen, wie die jungen Leute im Kutscherhof mit sich und dem Leben unter den unerbittlichen Augen der Kameras zurecht zu kommen suchten. Und Menschen auf einer einsamen Insel auszusetzen, um zu beobachten, wie sie als Nachfahren Robinsons überleben, Gott, das mag ja auch ganz unterhaltsam sein. Aber das alles ist matt, müde und einschläfernd im Vergleich zu „Finanzamt Orange", jener wirklich nervenzerfetzenden Reality-TV-Show, bei der es nur um eines geht: Als Steuerpflichtiger sieben Tage in einem österreichischen Finanzamt durchzustehen.

Die Idee war genial.

Fünf durchschnittliche Steuerpflichtige sind in einem ebenso durchschnittlichen Finanzamt eingeschlossen. Sieben Tage lang, während der gesamten Amtsstunden. Sie bringen ihre Steuerangelegenheiten vor, deren Erledigung in durchschnittlicher Manier erfolgt - woraus resultiert, dass die fünf Steuerpflichtigen Gefahr laufen, wahnsinnig zu werden. Sieger von „Finanzamt Orange" ist, wer die vollen sieben Tage durchhält.

Das Fernsehpublikum hat dabei die Aufgabe, aus der Gruppe der fünf Steuerpflichtigen jene zu „nominieren", die das Finanzamt verlassen müssen. Wobei die Fernsehzuschauer mit dem Herzen entscheiden sollen - wer ihrer Ansicht nach am meisten im Finanzamt Orange leidet, der soll nominiert werden. Mit anderen Worten: Raus aus der Show ist derjenige, der bei den Zuschauern eine „Mitleidsquote" von 50 oder mehr Prozent hat.

Nur der Härteste kommt also durch, nur jener, der den größten Leidensdruck aushält, der vor laufender Kamera am wenigsten Mitleid erregt und sich auch von seinen vier Konkurrenten nicht in die Rolle des Bemitleidenswerten drängen lässt. Ihm winkt als Sieger von „Finanzamt Orange" eine Million Schilling, steuerbegünstigt.

Hält hingegen keiner der Fünf bis zum Ende durch, so hat das Finanzamt gewonnen - die Million fließt in die Kaffeekasse der Beamten. Und jener „Finanzoberrevident", der in der Show für die harte Realität sorgt, wird als Belohnung zum „Wirklichen Finanzoberrevident" befördert. Ein Anreiz, der jeden durchschnittlichen Beamten zu schikanösen Höchstleistungen beflügeln muss.

Alles klar also.

Kamera läuft für „Finanzamt Orange".

Der erste Tag.

Vier Uhr morgens. In einem drei mal drei Meter großen Raum des Finanzamtes für Steuern und Gebühren sitzen fünf Menschen. Eine Atmosphäre wie im Wartezimmer eines Zahnarztes, nur weniger fröhlich. In jeder Ecke des Raumes ist eine Kamera installiert, von der Decke hängt ein Mikrofon, groß wie eine genmanipulierte Gurke, um keinen anderen Vergleich zu treffen, der mit der Würde eines Amtes unvereinbar wäre. Scheinwerfer leuchten den Raum völlig aus, nichts wird verborgen bleiben, tote Winkel sind im Zeitalter des Reality TV ein Anachronismus.

Die fünf Menschen sitzen vorerst schweigend auf den amtseigenen Plastikstühlen. Da man ihnen aufgetragen hat, auf keinen Fall direkt in die Kamera zu schauen, lassen sie ihre Blicke über die Schilder an der Wand streifen:

„Lautes Sprechen und sonstiges Lärmen bei Strafe verboten!"
„Rauchen bei Strafe verboten!"
„Mitbringen von Getränken sowie Verzehr von Nahrungsmitteln in den Amtsräumlichkeiten bei Strafe verboten!"
„Handys bei Strafe verboten!"
„Erzählen und sonstige Verbreitung von Beamtenwitzen bei Strafe verboten!"
„Eindringen in das Büro der Sachbearbeiter ohne Aufruf der Nummer bei Strafe verboten!"

Bei den fünf Menschen stellt sich ein Gefühl von Heimat ein.

Als nach zwei Stunden in dem Raum immer noch nichts gesprochen wird, hallt die Stimme des Regisseurs von „Finanzamt Orange" aus dem „Off": „Action! Ton! Reeeden!"

Der Älteste der Runde, ein hoch betagter Pensionist, gibt sich einen Ruck: „Gestatten - Freibetrag wegen geminderter Erwerbsfähigkeit".

Der Zweite, ein Mann gegen die 40, antwortet: „Angenehm - Anerkennung von Repräsentationsausgaben".

Die junge Frau in der Runde schaltet sich ein: „Guten Morgen - Erbschaftssteuerangelegenheit".

Der Vierte, ein Mann um die 50, verneigt sich: "Alleinverdienerfreibetrag".
Fehlt nur noch der Fünfte, ein Feuerwehrmann in entsprechender Uniform: „Grundsteuerbefreiung, Herrschaftssakara".

Womit klare Verhältnisse geschaffen sind. Und das TV-Publikum, das gebannt vor den Bildschirmen sitzt, einen ersten Höhepunkt von Finanzamt Orange erleben durfte. Man beginnt, die Sympathien zu verteilen und ein wenig zu überlegen, wen man nominieren könnte. Der Pensionist machts vielleicht nicht mehr lange, der Arme! Der Alleinverdienerfreibetrag hat wahrscheinlich Frau und Kind daheim, die voll Sehnsucht auf ihn warten....

Die nächsten drei Stunden passiert nichts. Die Fünf von Finanzamt Orange sitzen locker auf ihren Stühlen und starren gegen die Wände. Das Fernsehpublikum starrt ebenso gebannt auf den Bildschirm. Reality TV pur! Ein Quotenhit ist geboren.

Zehn Uhr. Die finanzamtsinterne Sprechanlage schaltet sich geräuschvoll ein. Sekunden später erschallt im Warteraum eine Stimme: „Nummero 74, eintreten!" Die Fünf zucken zusammen, springen auf, werfen einen Blick auf ihre Nummern - von 75 bis 79. 74 ist nicht dabei.

Stille.

Dann wieder die Stimme aus der Sprechanlage: „Nummero 74 , a bissl dalli dalli!"

Der Alleinverdienerfreibetrag fasst sich ein Herz und geht zur Tür, auf der in goldener Schrift zu lesen steht: „Otto Hudler, Finanz-

oberrevident". Er klopft und öffnet, nachdem von innen ein „Herein" ertönte.
„San'S 74?", klingt es dem Alleinverdienerfreibetrag entgegen.
„Nein, 74 ist nicht hier, ich habe Nummer 75".

Szenenwechsel. Im Büro des Finanzoberrevidenten Otto Hudler. Ein großräumiges Gemach, geschmackvoll eingerichtet, später Jugendstil. Die Gemälde an den Wänden - Dauerleihgaben des Kunsthistorischen Museums - glänzen im Licht der Scheinwerfer, die auch hier dafür sorgen, dass das TV-Publikum ein maximales Empfangserlebnis hat. Ein nur kurzes im konkreten Fall.

„500 Schülling Ordnungsstraf wegen Insubordination, weils eina kuma san, obwohl Ihna Nummero noch net dran war - so a Pallawatsch is bei Strafe verboten - Wiederschaun!"

Damit ist der Alleinverdienerfreibetrag wieder draußen bei den anderen Vier von Finanzamt Orange. Sichtlich gezeichnet vom ersten Zusammentreffen mit jenem Manne, gegen den es nach Möglichkeit sieben Tage lang zu bestehen gilt. Der Repräsentationsaufwand wittert seine Chance.
Freundschaftlich legt er den Arm um den Alleinverdienerfreibetrag: „Unglaublich, wie dich der behandelt hat, du kannst einem wirklich leid tun, Kollege, echt leid kannst du einem tun". Die restlichen Drei stimmen ein, der Alleinverdienerfreibetrag wird binnen Minuten zum Märtyrer der Steuerbürokratie.

Das Publikum vor den Bildschirmen kann die Tränen kaum mehr zurück halten. Die bevor stehende erste Nominierung aus Mitleid dürfte wohl eindeutig ausfallen. Dessen ist sich auch der Alleinverdienerfreibetrag bewusst. Verzweifelt springt er auf, rennt zur Tür des Finanzoberrevidenten Hudler, reißt sie auf und brüllt, mit einem Blatt Papier wedelnd und Stärke gegen Mitleid einsetzend: „Ich hab schon das Formular! Wer ein Formular hat, der existiert! Und ich werde um meine Existenz in diesem Amt weiter kämpfen wie ein Löwe, jawohl!"

Hudler erhebt sich langsam von seinem Sessel, echt Kalbsleder mit Armlehnen und Nackenstütze. Er geht auf den Alleinverdienerfreibetrag zu.

Das Publikum vor den Bildschirmen hält den Atem an.

Hudler nimmt das Formular entgegen, sieht es lange und intensiv an, dann sagt er:"Stimmt scho, wer a Formular hat, der existiert im hierortigen Amte!" Der Alleinverdienerfreibetrag strahlt siegessicher, er wird kein Fall für die Mitleidsnominierung. „Des Gfrett is nur", fährt Hudler fort, „dass des a altes Formular is, seit voriger Wochn haben wir neue Formulare, kapischo?" Der Alleinverdienerfreibetrag verfällt. Hudler setzt noch eines drauf: „Und wenn aner a altes Formular daher bringt, dann is des eine versuchte Finanzordnungswidrigkeit durch Verletzung der monpolrechtlichen Formularpflicht - sowas is ka Gaudee - da setzts a Verwaltungsverfahren, des sich gwaschn hat - Habe die Ehre, Se Baron Bamsti, Se!"

Die Tür zum Büro des Finanzoberrevidenten ist wieder geschlossen. Der Alleinverdienerfreibetrag steht hilflos im Scheinwerferlicht des Warteraumes. Ein Bild des Jammers.

Wenig später stimmt das Fernsehpublikum ab: 62 Prozent Mitleidsquote für den Alleinverdienerfreibetrag und damit Nominierung als erster Abgang. Als der Alleinverdienerfreibetrag das Finanzgebäude verlässt, erwarten ihn 500 Fans mit Papiertaschentüchern. Vor laufender Kamera nimmt er ein Taschentuch, trocknet sich die Tränen, sagt „Oh, it's a Feh" und ist finanziell ab sofort nicht mehr auf den Alleinverdienerfreibetrag angewiesen.

Der zweite Tag.

Wieder früher Morgen. Im Warteraum vor dem Büro des Finanzoberrevidenten Otto Hudler befinden sich nur mehr vier Menschen. Dafür sitzen Hunderttausende vor ihren Fernsehgeräten. Es wäre Frühstücksfernsehen im besten Sinne des Wortes, wenn es in den Haushalten Frühstück geben würde - doch niemand macht Frühstück, weil alle vor dem Fernseher sitzen.

Nach drei Stunden fast unerträglicher Spannung bricht diesmal die Grundsteuerbefreiung in Feuerwehruniform das Schweigen. „Heut Nacht haben wir einen Einsatz ghabt, Herrrschaftssakara!"

„Und, wie war es", fragt die Erbschaftssteuerangelegenheit.

„Alles gerettet, bis auf den Altbauern, Herrschaftssakara!".

Die Erbschaftssteuerangelegenheit mutiert zur flaschen Schlange: „Jesus und Maria, ein Mensch ist in den Flammen umgekommen! Du musst ja völlig fertig sein, völlig erledigt! Aber hier beim Finanzamt wird man darauf wahrscheinlich keine Rücksicht nehmen!

Jesus und Maria! Wenn ich dir irgendwie helfen kann, lass es mich wissen, du armer, bemitleidenswerter Held, du!"
Ob ehrlich oder nicht, die Rechnung der Erbschaftssteuerangelegenheit geht auf. Das Publikum vor den Fernsehgeräten ist erschüttert. Und die Grundsteuerbefreiung ist nach dem nächtlichen Einsatz noch nicht wach genug, um die Gefahr zu erkennen. „Ja, ja, da brauchts einen gsunden Magen, Herrschaftssakara". Der Freibetrag wegen geminderter Erwerbsfähigkeit will nachhaken, als überraschend seine Nummer aufgerufen wird.

Die Fernsehzuschauer toben.

Szenenwechsel. Hudlers Büro. Der Freibetrag wegen geminderter Erwerbsfähigkeit sitzt dem Finanzoberrevidenten gegenüber. Wild entschlossen, jeglichen bürokratischen Schmerz mannhaft zu ertragen und nur ja kein Mitleid zu erregen.

Hudler holt zum ersten Schlag aus: „91 san mir schon? Und allerweil no a Schlaucherl, gelt?"

Der Freibetrag wegen geminderter Erwerbsfähigkeit tappt in die Falle. „Tja, man ist so alt, wie man sich fühlt".

„Und allerweil noch hinter die Maderln her, gelt, haha - Sie Schlawiner!"

Der Freibetrag fühlt sich geschmeichelt: „Na ja, mit 91 bist ja auch noch ein Mann, irgendwie!"

Hudler grinst: „Alter Charmeur! Heut geh ich ins Maxim, dort bin ich sehr intim..."

„Ein Schnapserl ist gscheiter als das ganze Viagra", weiß der Freibetrag zu berichten.

„Selbst gebrannter, wahrscheinlich?"

„Ehrensache, Herr Finanzbeamter - und ordnungsgemäß versteuert!"

Hudler nimmt das Formular, das ihm der Freibetrag überreicht hat, greift nach einem Stempel, holt weit aus und knallt ein „Abgelehnt" auf den Antrag. Sein Gegenüber versteht nicht. „Abgelehnt?" Wieso abgelehnt? Er sei 91 und doch wohl gemindert erwerbsfähig.

Der Finanzoberrevident macht nicht mehr viele Worte: „Wer noch schnacksln und saufen kann, der is auch noch erwerbsfähig im Sinne des Einkommensteuergesetzes - Wiederschaun!"
Erste Herzinfakte von aufgeregten Fernsehzuschauern werden gemeldet, was aber die Einschaltquoten nicht nennenswert reduziert, weil die meisten Infarktpatienten nicht mehr in der Lage sind, den Fernseher abzudrehen.
Beim Freibetrag wegen geminderter Erwerbsfähigkeit ist es kein Herzinfarkt, stellt der Notarzt fest, es liegt allerdings ein psychosomatisch bedingter Kreislaufkollaps vor. Als der Freibetrag auf der Bahre aus dem Finanzamt Orange transportiert wird, hebt er mit letzter Kraft die Finger zum Victory-Zeichen. Das gibt den Ausschlag. Der verzweifelte 91-Jährige, der einfach nicht aufgeben will, rührt die Millionen vor den Fernsehapparaten - 76 Prozent Mitleidsquote. Das wars.
Der Tag ist zwar noch jung, Finanzoberrevident Otto Hudler ist aber nach dem Vorfall mit dem alten Schlawiner nicht mehr für einen weiteren Parteienverkehr in Stimmung. Er beschließt, sich ein paar Akten über den Kopf zu stülpen und ohne weitere Amtshandlungen in den Nachmittag zu gleiten.
Worauf sich der Sendungsverantwortliche von Finanzamt Orange genötigt sieht, aus dem „Off" für etwas Spannung zu sorgen. „He, Kandidaten! Der Beamte hat Depressionen! Das ist eure Chance! Macht ihn fertig!"
Zugegeben, von einem Sendungsverantwortlichen hätte man sich ein wenig mehr Objektivität erwarten können, aber mit Objektivität gewinnt man keine Einschaltquoten.
Die Erbschaftssteuerangelegenheit sieht ihre Stunde gekommen. Ein manisch-depressiver Finanzoberrevident müsste von einer 33-jährigen, jünger aussehenden und von Mutter Natur nicht gerade benachteiligten Handelsangestellten „zu packen" sein. „Ich übernehme das, Freunde", sagt die Erbschaftssteuerangelegenheit zur uniformierten Grundsteuerbefreiung und zum Repräsentationsaufwand, ehe sie unaufgerufen in Richtung Hudlers Büro tänzelt, nicht ohne zufällig die beiden oberen Knöpfe ihrer Bluse geöffnet zu haben.
„Juhuuu" - mit diesem für eine Partei beim Finanzamt eher unüblichen Gruß tritt die Erbschaftssteuerangelegenheit bei Hudler ein.
In den Familien prügelt man sich um die besten Plätze vor dem Fernsehschirm. Die Einschaltquote für Finanzamt Orange erreicht in den nächsten Minuten einen absoluten Spitzenwert.
Finanzoberrevident Otto Hudler erschrickt. Die Akten rutschen von seinem Haupt, er wirkt leicht derangiert. „Hallo, hallo - was is'n des für a Mullatschag? Se können do net einfach da eina kumma, außertourlich!"

„Aber, mein lieber Herr Ober-Hudler, Sie werden doch einer jungen Mutter nicht die Tür weisen, denken Sie doch an mein armes Kind daheim, einsam, 'Mama' ruft es, 'Mama', 'Mama', - aber die Mama ist nicht da, weil es beim Finanzamt so lange dauert, 'Mama', weint das Kind,'Mama'!".

Während die Einschaltquoten weiter nach oben schnellen, beschließt der Sendungsverantwortliche, das Kind der Kandidatin ins Finanzamt Orange zu holen und es dort den alten Heintje-Titel „Mama" singen zu lassen.

Finanzoberrevident Otto Hudler unterdrückt inzwischen alle durch die offenen Blusenknöpfe konditionierten amtsfremden männlichen Regungen - was ihm umso leichter fällt, als er weiß, dass auch seine Frau Finanzamt Orange sieht - und widmet sich „außertourlich" der Erbschaftssteuerangelegenheit der Erbschaftssteuerangelegenheit.

Diese trägt ihr Anliegen vor. Ihr Kind, der dreijährige Fabio - „Mit so an ausländischen Namen ist der Bua a petschiert", wirft Hudler ein - habe von seinem kürzlich verstorbenen Großvater einen Fischteich geerbt und nun beantrage sie die Befreiung von der Erbschaftssteuer. Denn wo, bitte schön, soll denn ein Dreijähriger das Geld für die Erbschaftssteuer her nehmen?

Zu diesem Zeitpunkt sind die Zuschauer vor den Fernsehgeräten weit davon entfernt, die couragierte junge Mutter zu nominieren. Eine junge Frau, die ungefragt in eine Amtsstube tritt und dort ihr Anliegen vorbringt, hat Respekt verdient, sie bedarf aber keines Mitleids. Noch nicht.

Otto Hudler hat nämlich dasselbe erkannt. Und es wird ihm bewusst, dass der Sieg der Behörde in Finanzamt Orange samt der Million für die Kaffeekassa und seiner Beförderung zum „Wirklichen" Finanzoberrevidenten auf dem Spiel steht. Er läuft zur Hochform auf.

„An Fischteich hat er also gerbt, der Abkömmling?"

Das Wort „Abkömmling" stört die Mutter, „Fabio ist mein eheliches Kind!"

„Hier bei uns gibt's kane Kinder, das gibt's nur laut Erbschaftssteuergesetz Abkömmlinge und höchstens Personen der Steuerklasse römisch Eins oder Zwo, kapischo", erläutert Hudler, um fort zu fahren: „Was is denn in dem Fischteich?".

„Na, Fische halt".

„Fische! Fische! Des is ka korrekte Sachverhaltsdarstellung! Was für Fische? Abkömmlinge welcher Fischrasse?", will Hudler wissen.

In der mütterlichen Erbschaftssteuerangelegenheit steigt langsam aber sicher der Ärger hoch. Woher solle sie wissen, welche Fisch-Abkömmlinge ihr Menschen-Abkömmling geerbt hat! Irgendwelche Fische seien es eben, in dem Teich, mehr könne sie dazu nicht sagen. Und wieviel der Teich samt den Fischen wert sei, schätzomativ, werde sie daher vermutlich auch nicht wissen, nimmt Hudler die Antwort vorweg, blickt traurig und murmelt: „Is a Gfrett, a Gfrett is sowas".

„Und", wird die Erbschaftssteuerangelegenheit ungeduldig „gibt es die Befreiung?"

„Nein", sagt Hudler mit Bestimmtheit. Da sich in gegenständlichem Teiche offensichtlich seltene, exotische und daher wertvolle Fische befinden, die nicht einmal die Antragstellerin kennt, gehe das hierortige Amt davon aus, dass der Erbgegenstand einen Wert von mehr als 30.000 Schilling darstellt, womit die Erbschaftssteuerfreigrenze überschritten sei, Punktum. Den Einwand der Frau, es sei höchst unwahrscheinlich, dass der Opa als kleiner Nebenerwerbslandwirt in einem Teich im Waldviertel exotische Fische gehalten hat, verweist Hudler auf den Berufungsweg.

Zu diesem Zeitpunkt gehen die ersten 1.000 Drohanrufe der wütenden Fernsehzuschauer ein. Zugleich mit einer Solidaritätskundgebung „Pro Fabio" vor dem Finanzamt Orange. Angesichts dieser Welle der Zuneigung verliert die Erbschaftssteuerangelegenheit beim Verlassen von Hudlers Büro die Nerven, sie beginnt hemmungslos zu weinen.

Eine Stunde später kann sie ihren Fabio wieder in die Arme schließen, die Zeit der Trennung ist vorbei. Mitleidsquote 67 Prozent.

Der dritte Tag.

Es sind also nur mehr zwei Kandidaten übrig geblieben. Finanzamt Orange ist ungleich härter als man angenommen hatte.
Und während landesweit Sonderbewachungen für sämtliche Finanzämter eingerichtet werden müssen - auch die TV-Zuschauer sind schließlich nur Menschen - bereiten sich die Grundsteuerbefreiung

in Feuerwehruniform und der Repräsentationsaufwand auf den dritten Tag vor. Zwei gestandene Männer, nicht gewillt, Gefühle oder Schwäche zu zeigen, mag kommen, was da kommen wolle. Und es sollte kommen.

Vorerst allerdings kommt nichts. Gar nichts. Absolut nichts.

Die Zuschauer vor den Fernsehapparaten zeigen Wirkung: Während sie abwechselnd an ihren Fingernägeln und den Kartoffelchips knabbern, werden reihenweise Wetten abgeschlossen, was mit dem Finanzoberrevidenten Otto Hudler passiert und warum er heute nicht im Amt aufgetaucht ist. Von Kidnapping über Lottogewinn bis Selbstmord erstrecken sich die Mutmaßungen des Fernsehpublikums. Nur um den wahren Grund zu erraten, dafür reicht die Fantasie eines Millionenpublikums nicht aus: Hudler ist einfach „zFleiß" im Bett geblieben.

Womit an diesem Tag nichts mehr Wesentliches passiert. Die Grundsteuerbefreiung und der Repräsentationsaufwand sitzen im Warteraum vor Hudlers Büro und hängen schweigend ihren Gedanken nach.

Das Fernsehpublikum ist fasziniert, so sehen also Menschen aus, die schweigend ihren Gedanken nach hängen.

Der vierte Tag.

Das gewohnte Bild. Die Grundsteuerbefreiung und der Repräsentationsaufwand warten vor Hudlers Büro. Der Finanzoberrevident ist heute im Amt erschienen, wenngleich er vorerst noch nicht empfängt. Vielmehr hat er vor sich einen kleinen TV-Apparat stehen, ein Geschenk seiner von Finanzamt Orange begeisterten Nachbarn. Hudler sitzt da und schaut sich selbst im Fernsehen an wie er sich selbst im Fernsehen anschaut. Das ist Reality TV in Reinkultur.

Im Warteraum braut sich indes Böses zusammen. Der Repräsentationsaufwand hat einen teuflischen Plan geschmiedet, um die Grundsteuerbefreiung über den Tisch zu ziehen. „Ich hab dir was mitgebracht, es ist ein extrastarker Bock". Dabei holt der Repräsentationsaufwand eine Flasche Spezialbier hervor und zwei Gläser. Für einen echten Feuerwehrmann ist die Einladung auf ein Bier einer Alarmierung gleich zu setzen, entsprechend stramm steht die Grundsteuerbefreiung. „Horch, ob der Hudler eh nicht kommt", sagt der Repräsentationsaufwand. Während die Grundsteuerbefreiung zur Tür des Finanzoberrevidenten geht und lauscht,

schüttet ihr der Repräsentationsaufwand so genannte „K.O.-Tropfen" ins Glas.
Der Rest ist rasch erzählt.

Die Grundsteuerbefreiung nimmt einen tiefen Zug vom Bockbier und sinkt wenig später mit der Feststellung „Herrschaftsakara" zu Boden. Ohne Frage, auf der zwischenmenschlichen Ebene von Finanzamt Orange tut sich was.

Das Fernsehpublikum tobt wieder einmal. Und erwartungsgemäß ist die tiefe Abscheu gegen den unfairen Repräsentationsaufwand gekoppelt mit ebenso tiefem Mitgefühl für die Grundsteuerbefreiung in der Feuerwehruniform.

Was übrigens auch nicht mehr stimmt. Denn - welcher Teufel den Repräsentationsaufwand auch geritten haben mag oder war es einfach der Zauber der Montur - dieser zieht jedenfalls der wehrlosen Grundsteuerbefreiung den Feuerwehrrock und die Hose aus, entledigt sich dann seiner eigenen Oberbekleidung und sitzt kurz darauf als gestandener Florianijünger in Warteposition.

Jetzt haben die Zuschauer vor den Fernsehgeräten, worauf sie lange gehofft haben - Sex in Finanzamt Orange. Zumindest, wenn man einen Feuerwehrmann in Unterhosen sexy findet.

Wie auch immer, mit oder ohne Uniform, die Grundsteuerbefreiung ist raus aus dem Finanzamt Orange - 74 Prozent Mitleidsquote!

Zufrieden hängt der Repräsentationsaufwand wieder schweigend seinen Gedanken nach. Zeit dazu hat er, denn an diesem Tag geschieht nichts mehr. Ganz einfach deswegen nicht, weil Hudler auf dem Bildschirm in seinem Büro sehr wohl die schändliche Tat des Mannes draußen im Warteraum mitbekommen und beschlossen hat, erst am nächsten Tag zuzuschlagen, dann aber angemessen.

Der fünfte Tag.

Zwei Millionen Menschen haben Urlaub genommen, um Finanzamt Orange sehen zu können.

Es ist kaum sieben Uhr früh vorbei, da wird der Repräsentationsaufwand bereits aufgerufen. Mutig und entschlossen betritt er Hudlers Büro. Er ist noch nicht einmal am Schreibtisch des Finanzoberrevidenten angekommen, als es ihm entgegen schallt: „Bewülligt!"

„Was heißt 'bewülligt'?", ist der Repräsentationsaufwand verwirrt. „Bewülligt heißt bewülligt! Ihr Ansuchen ist bewülligt!"

War es Fortuna? War es ein gütiges Schicksal? Oder hat ein Politiker beim Sender interveniert, man hat ja seine Beziehungen? Der Repräsentationsaufwand findet keine Erklärung für den überraschenden Lauf der Dinge. Aber das Ergebnis ist für ihn klar, er wendet sich dem Finanzoberrevidenten zu: „Das ist ein Schuss in den Ofen, Hudler! Jetzt können sie mich schikanieren wie Sie wollen, ich bleibe einfach bis zum siebten Tag draußen sitzen! Ich habe, was ich wollte, mir kann nichts mehr passieren!" Und triumphierend richtet er den Blick entgegen den Anweisungen direkt in die Kamera, strahlt in dieselbe und teilt den zwei Millionen Zusehern mit: „The winner is Hubert Loidl, also ich!"

Dann will es der Repräsentationsaufwand vom Finanzoberrevidenten genau wissen: „Jetzt können Sie's mir ja sagen, wieso ist das so leicht gegangen, mit der steuerlichen Anerkennung meiner Repräsentationsausgaben?"

„Mit der Grundsteuerbefreiung", wirft Hudler ohne erkennbare Gefühlsregung ein.

„Ich hab beantragt, dass ich meine Repräsentationsausgaben absetzen kann".

Hudler lächelt: „Und ich hab Ihnen eine Grundsteuerbefreiung bewülligt!"

„Warum? Was soll ich damit?", fragt der Repräsentationsaufwand sichtlich genervt.

„Sind'S net so hopatatschig, andere würdn mir die Händ abbussln, wenn's eine Befreiung von der Grundsteuer bewülligt kriegt hättn".

Ich habe überhaupt kein Grundstück! Wieso, um alles in der Welt, bekomme ich eine Grundsteuerbefreiung?"

„Weil i da ein Ansuchen der Freiwilligen Feuerwehr hab um Grundsteuerbefreiung, und weil Se a Feuerwehrmann sind und weil gemäß nach Paragraf 2, litera b, der Grundbesitz eines Landesfeuerwehrverbandes und der ihm angeschlossenen Freiwilligen Feuerwehren von der Grundsteuer befreit ist, sofern der Grundbesitz vom Eigentümer für Aufgaben der Feuerwehr benutzt wird - kapischo? - Fesch sind'S übrigens, mit der Feuerwehruniform, sehr fesch."

Während der Repräsentationsaufwand nach Luft ringt, ergreift Hudler eine Handvoll Stempel und schmettert einen nach dem anderen wirkungsvoll und kameragerecht auf das vor ihm liegende Ansuchen. „Bewilligt" - „Genehmigt" - „Gewährt" - prangt in großen Lettern auf dem Formular.

In den Wohnzimmern des Landes bricht das Chaos aus.

Die männlichen Teile der Familien bewaffnen sich - je nach Alter mit hartem Spielzeug, Tennisschlägern oder Krücken - und marschieren los. Ziel ist das Finanzamt Orange respektive „Hudler, das Schwein". Die weiblichen Teile der Familien brechen entweder in hysterisches Geschrei aus oder weinend zusammen. Zuvor stimmen beide Geschlechter noch einmal ab - 92 Prozent Mitleidsquote für den Repräsentationsaufwand, der seine Nominierung aber nicht mehr mit erlebt, weil er samt seinem Bescheid über die bewilligte Grundsteuerbefreiung aus dem Fenster gesprungen ist.

In der Rundfunkanstalt knallen die Sektkorken. Finanzamt Orange ist am fünften Tag zu Ende, der Erfolg überwältigend. Lang lebe Reality TV! Und das nächste Projekt steht schon fest: „Parlament Orange - Zehn Wähler müssen eine Woche im Plenum des Nationalrats durchstehen".

GESUNDHEITSTOURISMUS

oder

DIE HEILKRAFT DES ALPENLÄNDISCHEN MISTHAUFENS

*Was im vorigen Jahrhundert unter dem schlichten
Begriff „Sommerfrische" in einem „Kurort"
begann, das hat sich heute zu einem
boomenden Zweig des Fremdenverkehrs entwickelt -
der sogenannte „Gesundheitstourismus"
„Wellness" in jeder Form wird angeboten, von der
Thermal-und Saunalandschaft über
Thalassotherapie und Ayurveda bis zum Bad
im gärenden Heu inklusive Entschlackungskur
mit linksgedrehtem Yoghurt.
Es war daher nur eine Frage der Zeit, bis man
für bestimmte Leiden die Heilkraft des alpenländischen
Misthaufens entdeckte. Und das kam so.*

Es ist eine laue Frühlingsnacht, man schreibt das Jahr 2002. Ruhig gleitet der schwarze BMW über die Landstraße, vorbei an den Weilern und Gehöften der kleinen Gemeinde Blumental. In den Häusern ist kein Licht mehr zu sehen. Kein matter Schein eines Fernsehgeräts dringt auf die Straße, da man in dieser von bäuerlicher Frömmigkeit und Tradition geprägten Gegend die sturm- und wetterzerfurchten uralten hölzernen Fensterläden zu schließen pflegt, ehe man die Erotikfilme auf den Privatsendern rezipiert.
Bankdirektor Diplomkaufmann Walter L. am Steuer des schwarzen BMW hat keinen Blick für die Schönheit der Nacht, kein Ohr für die mystischen Stimmen, die die Stille durchdringen, sei es von Eule, Uhu oder Waldkauz. Ganz abgesehen davon, dass der Bankdirektor derlei Vögel ohnehin noch nie wirklich von einander unterscheiden hatte können. Und in dieser Nacht schon gar nicht.
Auf dem Gemüt von Walter L. lastet tonnenschwer das Geschehen der vorangegangenen Stunden.
„Wie konnte dir das nur passieren?", fragt er sein Bild in dem kleinen Spiegel an der Rückseite der herunterklappbaren Sonnenblende.

„Wie konnte dir das passieren?", fragt er sein Bild im verstellbaren Innenspiegel.
„Wieso? Kannst du mir sagen, wieso?",fragt er sein Bild im beheizbaren Außenspiegel.
„So alt bin ich doch nicht!"
Sicher, die Ärzte hatten ihn gewarnt. Es sei nur eine Frage der Zeit, bei seinem Lebens- und Arbeitsstil. Stress, Ärger, frisierte Bilanzen, Alkohol, Nikotin, steuerschonende, aber Nerven kostende Veranlagungen, Schwarzgeldkonten, fette Geschäftsessen, verheiratet, dazu seine junge Freundin Sonja, und was eben sonst noch zum „business as usual" gehörte. Gut, der Herzinfarkt war wohl nicht zu vermeiden. Und „plötzlicher Herztod beim Liebesspiel mit 20-Jähriger", das wäre für einen erfolgreichen Manager ein durchaus angemessener Abgang.
Doch jetzt das!
Bankdirektor Walter L. hatte sogar damit gerechnet, dass er irgendwann einmal zum ersten Mal kein zweites Mal mehr „können" würde. Aber dass er nun zum ersten Mal nicht einmal mehr einmal „konnte" - diese Erfahrung würde selbst einen weniger Erfolgreichen ins Mark der Männlichkeit getroffen haben.
Walter L. hält den Wagen an. Er hat den vorangegangenen, wenn auch vergeblichen Versuchen Tribut zu zollen, sich mittels eines Mix aus Vitaminsäften und Whiskey die an diesem Abend offensichtlich notwendige Enthemmung zu verschaffen.
Einsam liegt die Landstraße da. Einsam liegen die Gehöfte in der Frühlingsnacht. Einsam liegt ein Misthaufen zwischen Straße und Gehöft. Dieser erscheint dem Bankdirektor sowohl ökologisch als auch praktisch geeignet, seiner Blase Erleichterung zu verschaffen.
Intensiver Geruch steigt auf von dem vor nicht allzu langer Zeit frisch beladenen Hügel aus Stallmist, Jauche und Streu. Wärme ist es, die Walter L. spürt, eine ungemein anregende, ja geradezu sinnliche Aura breitet sich aus. Eine unsichtbare Wolke von Leben und praller Fruchtbarkeit hüllt ihn ein. Runde, wohlgenährte Kühe und ein kraftstrotzender Stier - sie sind es, deren Vitalität aus diesem Misthaufen steigt, bis hinauf zu den Lenden des Bankdirektors Walter L.
Was dann geschieht, wird Walter L. noch im Greisenalter am Stammtisch pensionierter Manager erzählen und damit allgemeines Erstaunen hervorrufen. Über dem nächtlichen Misthaufen dort an der Landstraße von Blumental erhebt sich vor dem Auge des Mannes aus dem schwarzen BMW eine Gestalt, in paradiesischer Nacktheit, lasziv, sündhaft, lockend - Sonja, seine junge Freundin.
Eine alpenländische Fatamorgana, die jeden Wüstensohn in Glut gebracht hätte. Umso mehr den Bankdirektor Walter L.

Dem Schicksal sei Dank, dass zu dieser nächtlichen Stunde kein Ordnungshüter mehr unterwegs ist, dessen strenges Auge einen schwarzen BMW auf der Landstraße bei Blumental in jene Richtung hätte zurückrasen sehen können, aus der er soeben gekommen war.
Und auch für das, was kurz darauf in der Wohnung von Sonja geschieht, gibt es keine Zeugen. Was hätten sie auch schon groß bezeugen können: Einen erschöpften, aber unendlich befriedigten Bankdirektor und eine junge Frau, die die Worte haucht: „Chef-Bärli, das war eine spitzenmäßige Erfahrung für mich, dass ich den Orgasmus einmal nicht hab vortäuschen müssen, echt spitzenmäßig!".
Um die Mittagsstunde des nächsten Tages bietet sich an der Landstraße von Blumental ein seltsames Bild. Vor einem Misthaufen hält ein schwarzer BMW. Ein Mann um die 50, gepflegtes Äußeres und selbstbewusstes Auftreten, steigt aus, geht nahe an das dampfende und riechende Symbol florierender heimischer Agrarwirtschaft heran, entnimmt mittels einer kleinen Schaufel eine Handvoll Mist, füllt diesen in den eleganten schwarzen Aktenkoffer und kehrt zu seinem Auto zurück.
„Hats was?", ruft ihm eine bodenständige Stimme zu.
„Sie hören von mir, guter Mann, Sie hören demnächst von mir", erwidert der gepflegte BMW-Fahrer, ehe er davonbraust. „Narrische Stadtleut, narrische! Früher habns mir die Zapfenbirn gstohln, jetzt sogar den Stallmist! Narrisch sowas", spricht die bodenständige Stimme zu sich selbst.
14 Tage später erhält der Bürgermeister von Blumental einen Brief , der ihn irritiert. Absender: Zentrale Regionalbank. Zusatz „vertraulich".
Der Bürgermeister rekapituliert kurz die Gemeindefinanzen einschließlich der aushaftenden Kredite, ihm fallen aber keine Säumnisse ein. „Kruzifix", stellt das Gemeindeoberhaupt fest und öffnet das Kuvert.
„Sehr geehrter Herr Bürgermeister!
Lieber Freund!".
Diese Anrede verschärft die Irritation des Bürgermeisters. Er erinnert sich, dass er zuletzt vom Leitenden Staatsanwalt und Parteifreund mit genau dieser Anrede davon in Kenntnis gesetzt worden war, dass gegen ihn Anzeige wegen „Eingriffs in fremdes Jagd- und Fischereirecht" - alpenländisch: Wildern - erstattet worden sei. Er habe widerrechtlich drei Hasen erlegt. Zwar konnte die Causa vom Leitenden Staatsanwalt und Parteifreund juristisch geregelt werden - der Bürgermeister sei von den drei Hasen angefallen worden und habe sie in Notwehr erschossen - aber ein flaues Gefühl verursacht beim Gemeindeoberhaupt die besagte Anrede bis heute.
Besorgt liest er den Brief:

Sehr geehrter Herr Bürgermeister!
Lieber Freund!
Unser Geldinstitut hat Informationen aus zuverlässiger Quelle, denen zufolge die Gemeinde Blumental über bisher brachliegende Ressourcen im Bereich des Gesundheitswesens verfügt. Es gibt untrügliche Anzeichen dafür, daß zumindest ein sogenannter Misthaufen von Blumental - vermutlich aber deren mehrere oder viele - eine noch nicht näher bekannte Heilkraft aufweist. Diese wirkt offensichtlich bei bestimmten Potenzproblemen von Männern in den besten Jahren.
Unser Institut würde es sich zur Ehre anrechnen, gemeinsam mit Ihnen, geschätzter Bürgermeister, und gemeinsam mit allen zukunftsorientierten und weitblickenden Bewohnern von Blumental ein Projekt im Rahmen des Gesundheitstourismus zu realisieren, dem wir den Arbeitstitel „Potenz aus Biomasse" geben möchten.
Unser Institut ist bereit, sich an einer zu gründenden Entwicklungs- und Betriebsgesellschaft für das Projekt „Potenz aus Biomasse" zu beteiligen, weiters interessierten Landwirten günstige Investitionskredite zur Verfügung zu stellen und auch im Marketingbereich entsprechende Erfahrungen einzubringen. In der Hoffnung, daß die Gemeinde Blumental - ich sage schon mal „Bad Blumental" - die sich bietende Chance ergreift, verbleibe ich mit den besten Empfehlungen, Ihr

    Dkfm. Walter L.
    Vorstandsvorsitzender der Zentralen
    Regionalbank

P.S: Viagra is ein Schas im Vergleich zu Euren Misthaufen!

Noch am selben Abend nimmt eine eilig vom Bürgermeister eingesetzte Kommission - neben den Gemeinderäten gehören ihr der Doktor, der Apotheker, der Feuerwehrkommandant und der Herr Pfarrer an - bei jenem Misthaufen einen Lokalaugenschein vor, von dem vor 14 Tagen der geheimnisvolle BMW-Fahrer eine Probe genommen hatte. Seit diesem Lokalaugenschein und der darauffolgenden Nacht sind die Kommissionsmitglieder sowie deren Ehefrauen von der Heilkraft des Misthaufens überzeugt und vom Projekt „Potenz aus Biomasse" aufs Höchste angetan. Nur den Herrn Pfarrer hörte man die Worte sagen: „Depperter Zölibat, depperter".
Der Landwirt Ignaz K., Eigentümer des besagten Misthaufens, wird in der Folge genötigt, eine eidesstattliche Erklärung abzugeben, dass er nicht mehr Hormone bei der Fütterung seiner Rinder verwendet, als der Herr Tierarzt zu übersehen bereit ist.

Die weitere Entwicklung der Dinge auf Gemeindeebene ist mit einem Satz gesagt: Keiner der Bauern hat eine Ahnung, worum es eigentlich geht, aber alle haben verstanden, dass viel Geld zu verdienen ist. Und so beschließt der Gemeinderat von Blumental eine Woche später mit 103 Prozent (die Kellnerin, die das Bier brachte, war irrtümlich mitgezählt worden), die Zentrale Regionalbank mit der Verwirklichung des Projekts „Potenz aus Biomasse" zu beauftragen.

Magister Hans Heinz K., bislang Marketingleiter der Zentralen Regionalbank, wird von Direktor Walter L. beauftragt, ein umfassendes Konzept für das Projekt „Potenz aus Biomasse" zu entwickeln und für dessen Umsetzung Sorge zu tragen. Ein Auftrag, wie geschaffen für einen jungen, ehrgeizigen Magister.

Die in einem ersten Schritt notwendige Erarbeitung der wissenschaftlichen Grundlagen dauert keine vier Wochen. Die Bank hat einen Facharzt für Innere Medizin an der Hand, welcher infolge einer Scheidung hochverschuldet und für einen Viertel-Prozentpunkt Kreditzinssenkung bereit ist, ein entsprechendes Gutachten über die potenzrelevante Wirkung der Misthaufen im Gemeindegebiet von Blumental zu erstellen. In diesem Gutachten heißt es unter anderem:

„...ist darauf zu verweisen, dass causaliter bla bla bla ein nachgewiesener Zusammenhang zwischen der im Klimakterium des Mannes causaliter bla bla bla auftretenden Potenzreduktion und einem Mangel an Östrogen, also weiblichen Hormonen, besteht. Analytische Untersuchungen der Veterinär-Biomasse von Blumental haben nun ergeben causaliter bla bla bla, dass in dieser ein deutlich erhöhtes Maß an Östrogen enthalten ist. Daraus folgt eine signifikante Steigerung der maskulinen Libido sowie deren Manifestation auf hohem Niveau, sobald causaliter bla bla bla eine Adsorption der östrogenhaltigen Substanzen (=Mist, Jauche, Gülle) am männlichen Körper erfolgt. In practu bedeutet dies, dass die über die Haut erfolgende Kontaktnahme mit den Misthaufen von Blumental sowohl in der Form eines Ganzkörper-Bades als auch durch Auflegen von Dungpackungen und selbst durch die Berührung mit aufsteigenden Dämpfen einen nachhaltigen Heilungserfolg bei Potenzstörungen des reiferen Mannes erwarten lässt causaliter bla bla bla."

Mehr benötigt Magister Hans Heinz K. nicht, der Rest ist Marketing-Routine. Wenngleich die einschlägige Fachliteratur bislang wenig zu sagen wusste über die „Corporate Identity" eines Misthaufens und auch nicht über die Strategien eines diesbezüglichen „Product Placement" sowie eines allfälligen „Event Marketing" mit Stallmist und Jauche. Doch eines ist für Magister Hans Heinz K. sonnenklar: die „USP", also die „Unique Selling Proposition" oder

frei übersetzt die Einmaligkeit und Besonderheit des Angebots der Kuhscheiße von Blumental - deren potenzsteigernde Wirkung!
Wenig später hat Magister Hans Heinz K. dies in ebenso griffige wie leicht verständliche Marketing-Slogans gegossen:
„Zehn Tage Dünger und Du fühlst Dich um zehn Jahre jünger!"
„Jauche - und Du spürst den Stier in Dir!"
„Die 5 M - Mist macht müde Männer munter!"
„Mein letzter Wille - eine Kur mit Gülle!"
„Wellness 2000 heißt: New Sex aus der Kuhflade!"
„Komm nach Bad Blumental - der Mist glücklicher Rinder erwartet Dich!"

Bankdirektor Walter L. ist mit seinem Marketingexperten sehr zufrieden. Dadurch motiviert, legt Magister Hans Heinz K. noch eins drauf! Sichtwort: Historical Design! Oder mit anderen Worten: Es gilt, die Geschichte zu vermarkten!
Der bislang mangels erforschungswürdiger historischer Fakten in Blumental reichlich frustrierte pensionierte Schuldirektor und leidenschaftliche Heimatforscher Heinrich S. wird eingeladen, seines Amtes zu walten und Erkenntnisse über die Ureinwohner der Gegend vorzulegen. Heinrich S. verweist auf seine Hypothese, dass Blumental auf eine ursprünglich keltische Siedlung zurückgehen dürfte. Magister Hans Heinz K. ist begeistert, drei Tage später ziert folgende Schlagzeile die Gesundheitsseite der größten Tageszeitung des Landes:
„Keltisches Jauchebad als Potenz-Turbo!"
Ein verkannter und deswegen am Hungertuch nagender Maler und Bildhauer aus der Gegend ist für eine vergleichsweise läppische Summe plus Schweigegeld bereit, einen Kupferstich mit dem Titel „Impotente im Misthaufen" herzustellen und mit der gefälschten Jahreszahl 1515 auszustatten. Dieser Stich, der die Bedeutung der Heilkraft der Misthaufen von Blumental auch im Mittelalter dokumentiert, überzeugt die Weltpresse, er wird aber auch zum gesuchten Objekt auf der neuen Internet-Homepage von Bad Blumental.
Wie nicht anders zu erwarten, häufen sich in der Folge die Anfragen von Männern zwischen 18 und 98 bezüglich eines Kuraufenthalts „all inclusive" in Bad Blumental. Was die Männer nicht wissen: auch deren Ehefrauen haben in 77 Prozent der Fälle eine entsprechende Anfrage an die „Kurverwaltung" von Bad Blumental gerichtet und um eine Platzreservierung in einem Misthaufen für ihren Angetrauten ersucht.
Nächtens werden bereits erste Illegale erspäht, die sich im Schutz der Dunkelheit in einen der Misthaufen vergraben wollen. Skrupellose Diebe schrecken nicht davor zurück, sich den heilenden Dung anzueignen, für den persönlichen Bedarf, wie sie bei ihrer

Verhaftung beteuern, in Wahrheit aber, um den Schwarzmarkt zu bedienen.

Damit ist die Zeit gekommen für die nächsten Schritte.

Als erstes werden sämtliche Misthaufen von Bad Blumental mit Stacheldraht gesichert. Daß einige Landwirte zusätzlich Selbstschussanlagen installieren, fordert zwar Todesopfer, ist aber in Anbetracht der Skrupellosigkeit der „Mist-Mafia" verständlich.

Als nächstes geht man in Bad Blumental daran, die notwendige Infrastruktur für den neuen Gesundheitstourismus im Rahmen des Projekts „Potenz aus Biomasse" zu schaffen. Ein „sanfter" Tourismus soll es werden, ein „ökosozial nachhaltiger"! Was bedeutet, dass keine riesigen Hotels oder mehrstöckigen Privatpensionen gebaut werden (das hat später auch noch Zeit, wenn man nicht mehr weiß, wohin mit den Einnahmen).

Vorerst werden die vorhandenen schmucken Bauernhöfe im Sinne eines „zweiten Standbeins" zu Beherbergungsbetrieben erweitert. Es ist erstaunlich, welche unternehmerische Kreativität die Blumentaler in der Folge beim Aufspüren von Räumlichkeiten entwickeln, die sich problemlos zu „Komfortzimmern mit Blick auf den Misthaufen" umgestalten lassen.

Altbäuerinnen und -bauern dürfen endlich ins Bezirksseniorenheim übersiedeln, was sie ohnehin schon lange wollten, sich aber nicht zu fragen trauten.

Getrennte Kinderzimmer für Buben und Mädchen entsprechen sowieso nicht einem zeitgemäßen koeduktiven Erziehungsstil.

Moderne Autos brauchen nicht mehr in der Garage zu stehen. Weitläufige Heuböden sind die pure Platzverschwendung, und Säue zu halten, ist in Anbetracht des Schweinebergs agrarpolitisch kontraproduktiv - und aus all den angeführten Erkenntnissen und Maßnahmen werden ganze Zimmerfluchten für den neuen Gesundheitstourismus!

Magister Hans Heinz K. kann stolz sein. Fehlt nur noch ein Mosaiksteinchen jeglichen erfolgreichen Marketings - die „Promi-Promotion"!

Eine halbseitige Annonce in dem britschen Massenblatt „The Sun" über die Potenzkraft aus dem Misthaufen („Men's power from cowdung") führt dazu, dass umgehend mehrere Mitglieder des englischen Königshauses in Bad Blumental eintreffen. Inkognito, wie sie betonen, als sie jedoch am dritten Tag immer noch nicht erkannt werden, beordern sie ein Fernsehteam der BBC zwecks Reportage nach „Cow-dung-City" vulgo Blumental.

Ungefähr zur gleichen Zeit gelingt es Magister Hans Heinz K., den Hauptdarsteller der beliebten Fernsehserie „Klinik im ewigen Eis" für einen Blumental-Werbespot zu engagieren. Dies kommt dem Schauspieler gerade recht, da man den 68-Jährigen in der Serie

nicht mehr den jugendlichen Liebhaber sondern künftig nur mehr dessen Vater verkörpern lassen will. Von Herzen und aus tiefster Seele spricht der TV-Serienstar in dem Werbespot daher seinen Text:
>"Auch nach der Potenzkur in Bad Blumental kann ich nicht immer, aber ich kann wieder immer öfter!"

Von da an gehört Bad Blumental zu den Top-Ten der Kurorte der Welt. Die Erfinder von „Potenz aus Biomasse" werden für den Medizin-Nobelpreis nominiert, nachdem Magister Hans Heinz K. in seiner ausgefuchsten Cleverness an die Mitglieder des Nobelpreiskomitees Probepackungen Potenz-Mist geschickt hatte.

Es ist wieder eine laue Frühlingsnacht, man schreibt das Jahr 2003. Ruhig gleitet der schwarze BMW über die Landstraße, vorbei an den Weilern und Gehöften, diesmal der kleinen Gemeinde Wiesental, 30 Kilometer westlich von Blumental. Am Steuer des Wagens Bankdirektor Diplomkaufmann Walter L., neben ihm Sonja, seine junge Freundin.

Walter L. hält den Wagen unweit eines Misthaufens an. Sonja steigt aus, geht zum Misthaufen, verschwindet in der Dunkelheit. Kurz darauf kommt sie zurück.

„Und?", fragt Walter L.

„Es wurlt, irgendwie", antwortet Sonja.

„Na also", sagt Walter L., „so hats bei mir in Blumental auch angefangen".

Zufrieden fährt der Bankdirektor weiter, neben ihm Sonja mit einem eigenartigen Glitzern in den Augen.

In Gedanken formuliert Walter L. bereits den Brief an das Gemeindeoberhaupt von Wiesental:
>„Sehr geehrter Herr Bürgermeister!
>Lieber Freund..."

...MUSS MAN GELESEN HABEN

oder

WIE EIN BESTSELLER ENTSTEHT

Wer sagt, dass Lesen „out" ist?
Im Gegenteil. Trotz elektronischer Medien,
Datenhighway und Internet werden heute
mehr Bücher gedruckt als jemals zuvor.
Dem wäre nicht so, würde der Mensch in der
Freizeitgesellschaft am Beginn des dritten
Jahrtausends nicht weiterhin das Lesen pflegen.
Nur die Qual der Wahl ist manchmal unerträglich,
angesichts der Fülle des Angebots in jeder
Buchhandlung. Gott seis gedankt, dass es
Entscheidungshilfen beim Buchkauf gibt - zum
Beispiel die Liste mit den
sogenannten „Bestsellern".

Man kann nicht alles wissen.
Man muss auch nicht alles wissen.
Man kann und muss beispielsweise nicht wissen, dass der Professor für Theoretische Physik, Diplomingenieur Dr. techn. Hans Worteisen der Schwipp-Schwager von Friedhelm Freiwurf, dem Feuilleton-Chef einer großen österreichischen Tageszeitung, ist.
Wie gesagt, das kann und muss man nicht wissen.
Für mich persönlich wäre es aber von Vorteil gewesen, hätte ich Kenntnis von diesen familiären Zusammenhängen gehabt, als ich an jenem Nachmittag eine Buchhandlung in der Innenstadt betrat.
„Ich suche ein Buch für meine Tante Laura, zum 75. Geburtstag, irgend etwas Passendes für eine rüstige ältere Dame".
Die Buchhändlerin musterte mich mit einem Blick, der eine Mischung aus Mitleid und Verachtung verriet. Ich bin kein Freund solcher Blicke.
„Wissen Sie, Fräulein, irgend ein Buch, das Freude macht, wenn Sie verstehen, was ich meine, für die Tante Laura zum 75er", fügte ich hinzu.
Ich konnte in den Augen der Buchhändlerin lesen, was sie dachte: Wie kann ein erwachsener Mitteleuropäer in der Informationsgesellschaft des dritten Jahrtausends „irgend ein Buch" verlangen. Solche Typen geben wahrscheinlich ihren Kindern auch „irgend

etwas" zum Naschen und sie verwenden womöglich für die Wäsche „irgend einen" Weichspüler. Genau das dachte die Buchhändlerin, ich merkte es an ihrem Blick.
Ich beschloss, in die Offensive zu gehen.
„Haben Sie den 'Mann ohne Eigenschaften' in der Erstausgabe lagernd? Oder 'Die Brüder Karamasow'? Oder wenigstens 'Die Blechtrommel', das ist das berühmte Werk von Günter Grass, der kürzlich den Nobelpreis erhielt".
„Diese alten Schmöker für Ihre Tante? Sie wird sie enterben", antwortete das Fräulein.
Gut, dachte ich, im Prinzip hatte sie Recht. Aber wenigstens dürfte diese vorwitzige Verkäuferin erkannt haben, dass sie es mit einem belesenen Manne zu tun hatte.
„Vielleicht einen Bildband über die Dolomiten", näherte ich mich einer für Tante Laura in Betracht kommenden Variante, „meine Tante ist in ihrer Jugend gern in die Berge gegangen".
Das Fräulein wurde zynisch: „Dazu überreichen Sie Ihrer Frau Tante ein Kärtchen: Mit den besten Wünschen, dem alten Eisen!"
In mir kam leichter Ärger hoch. Ich beschloss, der Buchhändlerin jetzt meinerseits einen Blick zuzuwerfen, der ihr ungefähr das Folgende signalisieren sollte: Mein Fräulein, ich halte Sie für nichts weiter als eine kleine Verkäuferin, die an der Volkshochschule eine Kurs „Zeitgenössische Literatur für Hausfrauen" absolviert hat.
„Interessieren Sie sich für zeitgenössische Literatur, mein Herr?" Aha. Genau, wie ich dachte. Die Volkshochschule ließ grüßen.
„Ja", antwortete ich.
„Hier, wenn Sie Lust haben", sagte die Buchhändlerin und reichte mir eine Einladung, „ich halte morgen Abend einen Vortrag an der Universität: 'Ludwig Wittgenstein und die literarische Postmoderne im Lichte der Rezeptionsanalyse', der Eintritt ist frei".
Irgendwie fühlte ich mich unwohl. Ich ging daran, die Situation mit einem Scherz auf hohem intellektuellem Niveau zu entkrampfen. „Welchen Krimi von Wittgenstein empfehlen Sie mir für meine Tante Laura, Fräulein?"
„Wenn Sie keine Zeit haben, zu meinem Vortrag zu kommen, macht es nichts, absolut nichts, im Gegenteil", bekam ich zur Antwort. Konnte es sein, dass ich es hier mit einer völlig humorlosen jungen Dame zu tun hatte? Wie auch immer, in meiner Sache war ich noch keinen Schritt weiter gekommen.
„Jedenfalls dürfte Wittgenstein nicht das Optimale für meine Tante Laura sein", sagte ich.
„Das würde ich auch so sehen", antwortete die Buchhändlerin in einem Ton als hätte ich soeben für die alte Dame die Gesamtausgabe des österreichischen Sprachphilosophen bestellt. „Also, was empfehlen Sie mir dann, Fräulein?"

„Normalerweise hat man eine Vorstellung davon, welches Buch man sucht, wenn man eine Buchhandlung betritt".
„Falls ich keinen Wert auf Fachberatung legen würde, dann würde ich meine Bücher bei Eduscho kaufen."
Das saß.
Die Wittgenstein-Expertin hinterm Ladentisch zeigte Wirkung. Ohne ein weiteres Wort zu sagen, holte sie einen Zeitungsausschnitt hervor. „Aufgelesen von Friedhelm Freiwurf", stand da.
„Was ist das, Fräulein?"
„Friedhelm Freiwurfs Bestseller-Liste der Woche! Die kennt doch jeder Analphabet!"
Mir passte ihr Unterton nicht. „Und? Was soll ich damit?"
„Buchkauf ist Vertrauenssache" belehrte mich mein Gegenüber, „und wer klug kauft, der vertraut Friedhelm Freiwurfs Bestseller-Liste".
Würde ich, so fuhr die Buchhändlerin fort, den ersten Titel von Friedhelm Freiwurfs „Top Ten" nehmen, so wäre ich mit Sicherheit literarisch auf der Höhe der Zeit, „in" sozusagen, und Tante Laura ebenfalls.
Wie gesagt, es wäre für mich von Vorteil gewesen, hätte ich von der familiären Verbindung zwischen Friedhelm Freiwurf und Professor Hans Worteisen gewusst. Denn eine Schwipp-Verschwägerung bleibt nun einmal nicht ohne Einfluss auf die Reihung einer Bestseller-Liste.
So aber schöpfte ich keinerlei Verdacht, als ich jetzt auf Friedhelm Freiwurfs Liste der Top Ten an oberster Stelle las: „Hans Worteisen, Kosmo-Ontologie oder Was wirklich geschah, als das Universum eine Sekunde alt war".
„Sie können es als Taschenbuch haben, oder in Schweinsleder, wenn es ein Geschenk sein soll", klärte mich die Buchhändlerin auf. Ich war, zugegebener Maßen, leicht verwirrt. „Das ist tatsächlich ein Bestseller?"
„Es ist halt einmal etwas anderes".
Womit sie ohne Zweifel Recht hatte, überhaupt zum 75er meiner Tante Laura. Auf Grund meiner leidlichen Englischkenntnisse übersetzte ich im Stillen „Bestseller" mit „Verkaufsschlager". Und damit assoziierte ich kein Buch über Kosmologie oder wie Worteisen das zu nennen beliebte. „Kosmo-Ontologie" wurde ich von der Buchhändlerin belehrt, „ein Begriff, den Hans Worteisen kreiert hat, für die Lehre vom Werden und Sein unseres Universums".
Ah ja.
„Sie können mir glauben, mein Herr, dieses Buch ist das, was man ein 'must have' nennt! Worteisens Kosmo-Ontologie muss man kennen, muss man gelesen haben!"
„Und warum?"

„Um mitreden zu können, wenn es um die Geburt des Universums geht". Zu gern hätte ich meine Zweifel geäußert, dass Tante Laura beim Kaffeekränzchen mit ihren Freundinnen vom Seniorenklub über die Geburt des Universums plaudert, ich verkniff es mir aber, um nicht meine gesamte Sippe in ein, intellektuell gesehen, ungünstiges Licht zu bringen. Stattdessen schützte ich Interesse vor.
„Was schreibt Worteisen in seinem neuen Buch?"
„Es ist sein erstes", erwiderte das Fräulein, „ein Standardwerk, kein populärwissenschaftlicher Schnellschuss".
Nach meiner Einschätzung umfasste der vor mir liegende Bestseller über Kosmo-Ontologie gut und gerne 1.000 Seiten. „Das täuscht, die letzten 100 Seiten sind die weiterführende Literatur".
Ja, dann.
„Ich habe das Buch in drei Nächten durchgelesen, ich konnte einfach nicht aufhören, verstehen Sie das, mein Herr?"
Ich verstand es nicht. Schwieg aber.
„Hier, werfen Sie einen Blick auf das Inhaltsverzeichnis, ihre Frau Tante wird hingerissen sein."
Ich las: „Zeit und Raum als Objekte philosophischer Reflexion im Konnex der Teilchenphysik."
„Das Singularitätsproblem als kosmoontologisches Axiom".
Die quantenmechanische Verdampfung von Schwarzen Löchern im All."
„No? Begeistert?" Das Fräulein sah mich erwartungsvoll an, „kein Wunder, dass es ein Bestseller ist".
Wahrscheinlich war die falsche Schlange ebenfalls irgendwie mit Friedhelm Freiwurf verwandt, verschwägert oder verschwippt. Nur ich hatte natürlich auch davon keinen Schimmer!
Ich befand mich in einem Dilemma.
Man entzieht sich nicht so ohne weiteres dem Umstand, dass ein Buch an der Spitze der Bestseller-Liste steht. Man will ja am Zeitgespräch der Gesellschaft teilnehmen. Und auch die gute Tante davon nicht ausschließen. Wer weiß, ob nicht beim Bäcker oder im Wartezimmer ihres Arztes plötzlich das Gespräch auf Worteisen und seine Kosmo-Ontologie kommen würde. Aber trotzdem, Teilchenphysik und die Verdampfung Schwarzer Löcher erschienen mir nicht als Themen, mitten aus dem Leben einer 75jährigen pensionierten Kellnerin gegriffen.
Ich suchte den Kompromiss. „Gibt es noch andere Bücher auf der Bestseller-Liste, vielleicht etwas Passendes für meine Tante Laura?"
„Tut mir leid, Karl Heinrich Waggerl oder Rosamunde Pilcher finden sich nicht unter Friedhelm Freiwurfs Top Ten".
Das reichte!

Ich brauchte meine liebe alte Tante nicht auf das mentale Niveau einer Symbiose von Waggerl und Pilcher herabwürdigen zu lassen.
„Hören Sie, Fräulein, meine Tante Laura und ich, wir sind keine literarischen Mitläufer! Wir haben unsere eigene Meinung! Wir gehören nicht zu den bibliophilen Lemmingen, die irgend welchen pseudo-zeitgeistigen Bestseller-Listen hinterher schwimmen!"
Jetzt wusste sie Bescheid. Und auf „bibliophile Lemminge" war ich besonders stolz.
„Und? Verwenden sie bei sich zu Hause schon die Glühbirne? Oder immer noch Fackeln an den Wänden?"
Ich konnte nicht mehr anders, ich musste meinem Ärger freien Lauf lassen. „Ich habe, geschätztes Fräulein, schon Bücher rezipiert, da konnten Sie noch nicht einmal Mimi oder Mama buchstabieren!"
„Rezipiert", das musste sie beeindrucken.
„Und warum sind Sie auf dem Karl-May-Niveau stehen geblieben? Wollen sie Ihrer Tante den 'Schatz im Silbersee' schenken oder lieber 'Durchs wilde Kurdistan'?"
Ich hatte genug.
Wortlos verließ ich die Buchhandlung. Diesen Einkaufsstempel für literarische Trittbrettfahrer! Für Zeitgenossen, die ihr Hirn im Bankschließfach deponiert haben, weil sie es ohnehin nicht mehr benötigen! Die Must-Have-Generation bedarf nur mehr der Augen und Ohren, um zu erfahren, was „in" ist, was man „haben muss", um dazu zu gehören! Eigenständiges Denken, sich selbst ein Urteil bilden, individueller Geschmack - das stört dabei nur!
In meiner Lieblingsweinhandlung erwarb ich als Geschenk für Tante Laura eine Flasche besten „Muskat-Ottonel" aus dem Burgenland. Am Abend desselben Tages lief in den „Seitenblicken" ein Bericht über den „bedeutenden Physiker Hans Worteisen und sein soeben erschienenes Buch 'Kosmo-Ontologie oder Was wirklich geschah, als das Universum eine Sekunde alt war', derzeit führend auf den Bestseller-Listen".
Zwei Minuten später klingelte bei mir das Telefon.
„Ah, Tante Laura, guten Abend, wie gehts?"
„Hör mal, mein Junge, hast du die Seitenblicke gesehen?"
„Ja, Tante Laura."
„Ich möcht zum Geburtstag das Buch über die Kosmo-Ontologie, sonst nichts! Schenk mir ja nicht wieder irgend einen Blödsinn, hörst du, mein Junge?!"
An diesem Abend leerte ich allein eine Flasche besten Muskat-Ottonel aus dem Burgenland. Wussten Sie eigentlich, dass dieser süffige Weiße ganz oben auf der Liste der besten österreichischen Weine steht?!

DAS FREIZEIT-ICH

oder

EIN ALTER EGO WILL ETWAS ERLEBEN

Freizeit wird für immer mehr Menschen zu einem Bereich, in dem sie ganz sie selbst sein wollen. Dazu wiederum gehört häufig das Bedürfnis, Außergewöhnliches, ja vielleicht sogar Extremes zu tun oder zu erleben. Einmal an die eigenen Grenzen zu gehen. Vorausgesetzt, man gestattet sich selbst solche Sehnsüchte. Andernfalls bleibt es beim verdrängten Wunsch, den der durchschnittliche Freizeit-Konsument - oft nur mehr unbewußt - in sich trägt. Ein Leben lang. Oder zumindest solange, bis sich sein „Alter Ego" - sein „Anderes Ich" - zu Wort meldet und auf der Verwirklichung des Traumes, auf der Erfüllung der verborgenen Sehnsüchte besteht.

Dass der Wirkliche Hofrat Johannes L. zum Psychoanalytiker gegangen war, hatte keinen gravierenden Grund gehabt. Ab einem gewissen Alter - der Wirkliche Hofrat Johannes L. war eben 48 geworden - sind Vorsorgeuntersuchungen eine Frage der Vernunft. Cholesterin, Prostata, Psyche - vorbeugen ist besser als heilen! Dazu kam die Sache mit der Neubesetzung des Postens eines „Abteilungsleiters für nachhaltige Ortsbildpflege", wobei ihm, dem Wirklichen Hofrat Johannes L., die Kollegin Wirkliche Hofrätin Eva R. mit der Begründung vorgezogen wurde, dass bei gleicher Qualifikation eine Frau genommen werde. Was den Wirklichen Hofrat Johannes L. mangels beruflichem Ehrgeiz zwar nur marginal die Contenance verlieren ließ - zwei Tage innere Emigration erschienen ihm angemessen - aber doch den Ausschlag gab, dass sich der Wirkliche Hofrat Johannes L. in der Ordination eines angesehenen Psychoanalytikers einfand.

Das Ergebnis war durchaus zufriedenstellend. Der Psychoanalytiker konstatierte keine besorgniserregenden seelischen Auffälligkeiten beim Wirklichen Hofrat Johannes L. Es war diesem lediglich eine psychisch vernünftige und seinem Alter entsprechende Lebensweise - Vermeidung von seelischem Stress durch zu intensiven Umgang mit jungen Frauen und durch zu extremen Konsum von Pornovideos - anzuraten, stellte der Psychoanalytiker fest.

Ein wenig überraschend war für den Wirklichen Hofrat Johannes L., dass er durch das Gespräch mit dem Psychoanalytiker erstmals Kontakt zu einem ihm bisher unbekannten Teil seiner Persönlichkeit bekam - zu seinem Alter Ego.

Was der Psychoanalytiker als nicht weiter tragisch einstufte, im Gegenteil, es sei individualpsychologisch sogar besser, man steht mit seinem „anderen Ich" in konstruktiver Kommunikation als es treibt im Unterbewußtsein sein Unwesen. Und zum Abschied rief der Psychoanalytiker dem Wirklichen Hofrat Johannes L. nach: „Tschüß Ihr beiden und viel Spaß miteinander!"

In diesem Augenblick war der Wirkliche Hofrat Johannes L. froh, dass ihm der Psychoanalytiker nicht auch noch das doppelte Honorar verrechnet hatte.

In den darauffolgenden Tagen sollte sich das Alter Ego für den Wirklichen Hofrat Johannes L. als durchaus angenehmer, weil so gut wie nicht bemerkbarer Partner erweisen. Das Alter Ego hatte ganz offensichtlich Verständnis dafür, dass der Wirkliche Hofrat Johannes L. unter außerordentlichem Arbeitsdruck stand, weil sein Landesrat bei einer Pressekonferenz „Neues von der Ortsbildpflege" verlautbaren wollte und die Abteilung angewiesen war, sich eben solches Neues einfallen zu lassen. In dieser für jeden Beamten belastenden Situation hielt sich das Alter Ego zurück und fiel nicht weiter auf.

Dann kam das Wochenende und der Wirkliche Hofrat Johannes L. schickte sich an, seine wohlverdienten Mußestunden wie gewohnt für eine Wanderung in ein nahegelegenes Naturschutzgebiet zu nutzen. Dort pflegte der Wirkliche Hofrat Johannes L. mit einer kleinen Schaufel nach Versteinerungen aus der Zeit des Urmeeres zu graben. Dass dies in einem Naturschtuzgebiet nicht erlaubt war, dessen war sich der Wirkliche Hofrat bewusst, aber solange das von ihm verursachte Loch nicht größer als 12 mal 12 Zentimeter und nicht tiefer als acht Zentimeter sein würde, war nach der ständigen Judikatur des Verwaltungsgerichtshofs trotz faktischer Rechtsverletzung von einer Bestrafung abzusehen. Das wusste der Wirkliche Hofrat Johannes L. und im übrigen verursachte diese allwöchentliche kleine Gesetzesverletzung bei ihm ein Gefühl von Abenteuer, gerade ausreichend für seinen diesbezüglichen Bedarf.

In stiller Vorfreude auf sein bevorzugtes Freizeitvergnügen packte der Wirkliche Hofrat in seiner Wohnküche den Rucksack - zwei Vollkornbrote, Früchtetee, ein Apfel, Mannerschnitten - als sich plötzlich das Alter Ego vernehmen ließ:

„Was soll das, bist du bescheuert?"

Der Wirkliche Hofrat Johannes L. war irritiert. So hatte seit seiner

Scheidung niemand mehr mit ihm geredet. Alsbald entwickelte sich zwischen ihm und seinem Alter Ego der folgende Dialog:
Hofrat: „Waren Sie das, Herr Alter Ego?"
A.E.: „Wer sonst?"
Hofrat: „Tut mir leid, ich hatte bisher noch nicht das Vergnügen mit Ihnen..."
A.E.: „Gott, warum so förmlich - ich bin der Johannes!"
Hofrat: „Äh - ich auch --"
A.E.: „Logisch - ich bin du und du bist ich! Jeder ist auf seine Art der Johannes!"
Hofrat: „Ich - also - wir - äh- wandern in das Naturschutzgebiet und graben ein ganz klein wenig nach Versteinerungen aus der Zeit des Urmeeres und wenn wir Glück haben, finden wir sogar einen Haifischzahn --"
A.E.: „Weck mich, wenn wir zurück sind!"
Hofrat: „Was wollen Sie - was willst du damit sagen?"
A.E.: „Dass mich so ein Hatscher durch die Überreste vom Urmeer absolut nicht interessiert!"
Hofrat: „Aber mich!"
A.E.: „Irrtum! Als dein Alter Ego sage ich dir, dass du in Wahrheit diese Wanderungen absolut langweilig findest! Und dass die Sache mit der verbotenen Graberei für dich ungefähr soviel Abenteuer bedeutet wie wenn du bei Euch im Amt auf der Toilette fünf statt der per Dienstanweisung vorgeschriebenen drei Blatt Klopapier verwendest!"

An diesem Punkt des Gesprächs wurde dem Wirklichen Hofrat Johannes L.bewusst, dass er es mit jemandem zu tun hatte, der ihn sehr gut kannte. Aus taktischen Gründen schwieg der Wirkliche Hofrat Johannes L. vorerst. Er musste mit der Situation ins Reine kommen.

Jahr und Tag verbrachte er seine Freizeit in der Natur und genoss die stille Beschaulichkeit des Wanderns. Wenn das anderen nicht in den Kram passte, nun gut, jedem das Seine, pflegte der Wirkliche Hofrat Johannes L. zu sagen. Nur, beim eigenen Alter Ego waren die Dinge ungleich komplizierter. Sich von seinem Alter Ego zu distanzieren, das erinnerte ihn fatal an Persönlichkeitsspaltung und Schizophrenie. Der Wirkliche Hofrat Johannes L. beschloss, in die Offensive zu gehen.

„Hör gut zu, mein Alter Ego! Ich gehe seit Jahren in meiner Freizeit wandern und ich werde das auch in Zukunft so handhaben! Und du läßt mich tun, was ich will, ich lasse dich tun, was du willst!"

„Das wird so nicht funktionieren", erwiderte das Alter Ego.
„Und warum nicht?"
„Weil ich du bin - nur ehrlicher! Viel ehrlicher!"

Mit diesem Hinweis hatte das Alter Ego beim Wirklichen Hofrat Johannes L. die Schmerzgrenze nicht nur erreicht, sondern deutlich überschritten. Ihm zu unterstellen, dass er in irgendeiner Form nicht ehrlich - und wenn auch nur zu sich selbst - sei, das war zuviel!

„Bis vorige Woche hat es dich überhaupt nicht gegeben, da hast du gar nicht existiert", schleuderte der Wirkliche Hofrat Johannes L. seinem - durch eine psychiatrischen Behandlungsfehler, wie ihm jetzt schien in die Welt getretenen - Alter Ego entgegen. Um hinzuzufügen: „Du bist in meinem Leben überflüssig und entbehrlich wie ein Kropf! Jawohl, du - du - bist nichts weiter als ein seelischer Kropf!"

Keine Frage, der Wirkliche Hofrat Johannes L. war erregt.

Sein Alter Ego blieb gelassen: „Und ob es mich gab, nur du warst dir meiner nicht bewusst, du hast mich verdrängt, mich, dein wahres Ich!"

Sich in einer solchen Situation schmollend ins Arbeitszimmer zurückzuziehen, das hatte bei seiner Frau funktioniert, aber wohin flüchtet man vor seinem Alter Ego, war der Wirkliche Hofrat Johannes L. ratlos. Und er beschloss, nolens volens, die Sache argumentativ durchzustehen.

Somit setzte sich der Dialog wie folgt fort:

Hofrat: „Du meinst also, ich würde eigentlich meine Freizeit anders verbringen wollen als mit Wandern, ist es das?"
A.E.: „Exakt!"
Hofrat: „Und wie - anders?"
A.E.: „Wilder"
Hofrat: „Wilder??"
A.E.: „Extremer!"
Hofrat: „Ha! Ha! Ich und extrem! Ha!"
A.E.: In deinem Innersten willst du endlich einmal ausbrechen! Das Korsett des braven Beamten und des Biedermannes abstreifen! Wenigstens in der Freizeit an die Grenzen gehen! Extremes erleben! Das ist es, was du wirklich willst!"
Hofrat: „Und woher weißt du das so genau?"
A.E.: „Ich weiß es, weil ich dein Innerstes bin!"

Dem Wirklichen Hofrat Johannes L. schoss der Gedanke durch den Kopf, dass in der Ordination des Psychoanalytikers vielleicht die Alter Egos vertauscht wurden! Dass dieses Alter Ego nicht seines war! Von solchen Irrtümern hört man ja immer wieder. Es werden Embryos verwechselt, es werden ganze Babys vertauscht - warum nicht auch Alter Egos?!

Allerdings wusste dieses Alter Ego Details von ihm, die ein fremdes Anderes Ich keinesfalls wissen konnte, wenn er nur an das Klopapier im Amt dachte.

Und allmählich stiegen im Wirklichen Hofrat Johannes L. Zweifel am Wandern und an den Versteinerungen auf. Er war ja nicht immer Beamter und Hofrat gewesen, es hatte im Leben des Johannes L. auch durchaus soetwas wie Sturm und Drang gegeben - sollte das Alter Ego damals schon dabeigewesen sein?

„Wie alt bist du eigentlich", wollte der Wirkliche Hofrat Johannes L. wissen, um sich im nächsten Augenblick klar zu werden, dass er schon schlauere Fragen gestellt hatte.

„Wer ist älter - ich oder ich? Intelligenz lässt grüßen", kam auch prompt die entsprechende Antwort des Alter Ego.

Der Wirkliche Hofrat Johannes L. fasste den Entschluss, den Wünschen seines Anderen Ich auf den Grund zu gehen, nur interessehalber und um für die Zukunft gewappnet zu sein.

Hofrat: „Wie glaubst du, möchte ich meine Freizeit wirklich verbringen, was schwebt mir deiner Meinung nach an Extremem und Wildem vor, hm?"

A.E.: „Ich sage nur ein Wort - Fallschirmspringen!"

Der Wirkliche Hofrat Johannes L. fühlte sich ertappt. Fallschirmspringen! Diese Art von sportlicher Betätigung hatte bei ihm seit Kindertagen ambivalente Gefühle ausgelöst, Angst und Horror vor der Gefährlichkeit einerseits und andererseits ein geradezu triebhaftes Verlangen, es selbst einmal zu probieren. Gewohnt, derlei triebhafte Regungen zu kompensieren, hatte der Jüngling Johannes L. daraufhin alles gemieden, was einem Fallschirm auch nur ähnlich war. Allein in so manchem Traum des Wirklichen Hofrats Johannes L. spielte das Fallschirmspringen bis zum heutigen Tag eine nicht zu übersehende Rolle, wobei er bei jedem seiner Sprünge trotz aller gegenteiligen Bemühungen immer sein vorgesehenes Ziel verfehlte und mitten in einem FKK-Gelände landete. Doch derlei Träume gingen niemanden etwas an, auch nicht das Alter Ego.

Dieses ließ sich jetzt wieder vernehmen: „Die Leute werden Augen machen!"

„Weil ein Hofrat mit dem Fallschirm abspringt?"

„Ja - und weil er dabei splitternackt ist!"

Der Wirkliche Hofrat Johannes L. war entsetzt.

Seine Welt, in der Realität, Traum und wenn es sein musste auch manch abwegige Phantasien ihren wohlgeordneten Platz hatten, geriet aus den Fugen. Er musste das Alter Ego mit allem Nachdruck zur Räson bringen. Doch dieses kam ihm zuvor:

„Und dass du bei deinem Fallschirmabenteuer im Adamskostüm auch noch auf der Trompete die Titelmelodie von 'Dr. Schiwago' spielst, das wird der absolute Hammer!"

Jetzt war für den Wirklichen Hofrat Johannes L. der kritische Punkt erreicht. Jetzt gings sozusagen im seelischen Sinne ans Eingemachte! Der Wirkliche Hofrat Johannes L. hatte sich nämlich, als er noch kein Hofrat sondern nur ein Halbwüchsiger war, unsterblich in ein fünf Jahre älteres Mädchen aus der Nachbarschaft verliebt. Doch dieses bezaubernde Geschöpf erwiderte seine Liebe nicht, konnte sie genau genommen auch nicht erwidern, da es davon nichts wusste. Und Jung-Johannes offenbarte sich auch nicht, das war nicht seine Art. Er träumte bloß und schmachtete. Eines Frühlings dann ging das Mädchen mit einem Italiener fort, nachdem dieser nächtelang vor ihrem Zimmer auf seiner Trompete Minnelieder geblasen hatte, vornehmlich die Schiwago-Melodie. Dass dies ein Trauma für den nachmaligen Wirklichen Hofrat zur Folge haben musste - der Knabe Johannes konnte leidlich Klavierspielen, wusste aber keinen Weg, wie er den elterlichen Flügel unters Fenster der Angebeteten schaffen sollte - das liegt wohl auf der Hand.

Und ausgerechnet dieses Jugendtrauma musste das Alter Ego jetzt aufwärmen! „Warum nur, warum?", rief der Wirkliche Hofrat Johannes L., „warum machst du das?"

„Das kommt nicht von mir, das kommt von dir selber! Du bist es, der aus seiner konventionellen Angepasstheit ausbrechen will, der seine Erlebnishemmnisse überwinden und seine Freizeitbedürfnisse ausagieren will!".

Sein Alter Ego musste sich irgendwo ein soziologisches Halbwissen angelesen haben, dachte der Wirkliche Hofrat Johannes L., was ihm sein Anderes Ich umgehend bestätigte: „Was du willst, das nennen die Freizeitforscher heute den 'Das-hab-ich-noch-nie-gemacht,-aber-jetzt-trau-ich-mich-Effekt'!"

„Wie bitte?"

„Der 'Das-hab-ich-noch-nie-gemacht,-aber-jetzt-trau-ich-mich-Effekt' lässt Menschen sich am Seil in die Tiefe stürzen, auf haushohen Wellen surfen, durch endlose Wüsten trampen, mit dem Fahrrad Felswände bezwingen oder mit dem Fallschirm aus 3.000 Metern Höhe abspringen, wobei --"

„Ich weiß, was kommt", unterbrach der Wirkliche Hofrat Johannes L. sein Alter Ego, „in der Grenzerfahrung das Leben intensiv spüren, das ist es, worum es geht, und nebenbei auch noch ein Trauma bewältigen!"

Das Alter Ego war sehr zufrieden: „Das ist dein Durchbruch in ungeahnte neue Freizeitwelten!"

Seit 14 Tagen ist der Wirkliche Hofrat Johannes L. in Frühpension, nachdem die Disziplinarkommission eine Rückversetzung um zwei Gehaltsstufen verfügt hatte. Die Kommission war zu dem Schluss gekommen, dass es nicht mit der Würde des Berufsbeamtentums vereinbar sei, wenn ein Hofrat im Tanga auf die Brüstung des Landhauses klettert und dort Trompete spielt. Als mildernd wertete die

Disziplinarkommission das Vorliegen einer offensichtlich fortschreitenden psychischen Störung. Den Beteuerungen des Wirklichen Hofrats Johannes L., es habe sich nur um einen Versuch gehandelt, seine Höhenangst zu überwinden, schenkte die Disziplinarkommission kein Gehör.

Und als der Wirkliche Hofrat Johannes L. ankündigte, im Ruhestand mit dem Fallschirmspringen beginnen zu wollen, gab ihm der Vorsitzende der Disziplinarkommission den wohlgemeinten Rat: „Herr Kollege, sind'S doch g'scheit, gehn'S zu einem Psychoanalytiker, damit'S mit Ihrm seelischen Ballawatsch z'recht kommen, net wahr!"

HOT FLYING

oder

DIE SACHE MIT IKARUS, WIE SIE WIRKLICH WAR

Die Geschichte von Ikarus ist allgemein bekannt. Mit Flügeln aus Federn, die ihm sein Vater Dädalus angefertigt hatte, erhob sich der griechische Jüngling in die Lüfte. Doch Ikarus gehorchte dem Vater nicht und flog zu nahe an die Sonne. Es schmolz das Wachs, das die Flügel zusammengehalten hatte, und der archaische Drachenflieger stürzte in den Tod. Nebbich! Das ist die pädagogisch-moralisierende Version, die Generationen von Schülern erzählt wurde. In Wahrheit verhielt sich die Sache gänzlich anders. Ikarus kam zwar kurz ins Trudeln, doch er wurde gerettet - und eh man sich's versah, war die erste Extremsportart der Menschheitsgeschichte erfunden: das „Hot Flying".

Dädalus aus Athen war der kunstreichste Mann seiner Zeit, Baumeister, Bildhauer und Arbeiter in Stein. Und Dädalus überwältigte mit seinem Erfindergeist sogar die Natur. Er fing an, Vogelfedern zu Flügeln zu formen, sie mit Leinenfäden zu verknüpfen und sie mit Wachs zu befestigen.
Alsbald fertigte Dädalus auch für seinen Sohn Ikarus ein kleines Flügelpaar. Er ermahnte den Knaben, dieser solle nicht zu hoch fliegen und immer nur seinem, des Dädalus Pfad in der Luft folgen. Und in derselben Stunde erhoben sich Dädalus und Ikarus mit ihren Flügeln.
Der Vater flog voraus, sorgenvoll wie ein Vogel, der seine zarte Brut zum ersten Mal aus dem Nest in die Luft führt. Anfangs ging alles gut. Doch dann verließ, durch den glücklichen Flug leichtsinnig gemacht, der Knabe Ikarus seinen väterlichen Führer, um in verwegenem Übermut immer höher und höher zu steuern. Die Nachbarschaft der Sonne erweichte mit allzu kräftigen Strahlen das Wachs, das die Fittiche zusammenhielt. Ehe es Ikarus bemerkte, waren die Flügel aufgelöst und der Knabe drohte in die Tiefe zu

stürzen und von der blauen Meeresflut verschlungen zu werden.
Voll Entsetzen sah Dädalus, was geschah. Der nahende Tod des geliebten Sohnes ließ den Vater einen verzweifelten Schwur ausstoßen: „O ihr Götter, wenn ihr das Leben des Knaben bewahrt, werde ich, Dädalus aus Athen, Großes und Ehrenvolles für euch und für Griechenland vollbringen, eine Tat, die man selbst in tausend Jahren noch besingen wird! O ihr Götter, erhöret meinen Schwur!"
Die Götter hörten des Dädalus Flehen.
Plötzlich verdunkelte sich der Himmel über Dädalus und Ikarus. Ein Schatten war über ihnen, den ein riesiger Adler warf. Wie ein Sturmwind brauste der Aar herab, flog unter den in die Tiefe stürzenden Knaben und fing ihn mit seinen kraftvollen Schwingen auf. Sanft trug der Göttervogel den Jüngling gen Athen und setzte punktgenau dort auf, wo neben der Akropolis das große „A" auf dem geheiligten Boden den Landeplatz für Adler markiert. Ikarus war gerettet!
Noch war die Wange des Knaben Ikarus von des Dädalus Maulschelle zart gerötet, da sann der glückliche Vater schon darüber nach, wie er seinen Schwur würde halten können.
Sollte er einen Tempel errichten? Doch derlei Bauwerke gab es in Griechenland zuhauf. Auch Götterstatuen waren ihrer so viele, dass sogar Zeus schon den Überblick verloren haben musste.
In dieser misslichen, weil ideenarmen Lage waren es die Götter selbst, die Dädalus einen Wink in der Gestalt des Sklaven Pythagoras gaben. Er habe, wandte sich Pythagoras an Dädalus, diesen und den Knaben Ikarus majestätisch durch die Lüfte schweben sehen und er, Pythagoras, erlaube sich anzufragen, ob auch ihm die Gunst eines solchen Fluges gewährt werden würde. „Ich liebe die sportliche Herausforderung, das Abenteuer, den Kickos und Thrillos, wie sich die modernen Griechen heutzutage auszudrücken pflegen", fügte Pythagoras hinzu.
„Heureka", rief Dädalus, „ich habe es gefunden!" Eine neue Sportart! Das Federnfliegen! Der faire Wettstreit, welcher Athlet der Sonne am nächsten kommen würde! Wobei, dessen war sich Dädalus von Anfang an gewiss, man allerdings eine andere Weise der Landung würde finden müssen, man konnte nicht damit rechnen, dass der göttliche Adler bei jedem unterklassigen Federnfliegerverein zur Stelle sein würde. Doch derlei waren Nebensächlichkeiten, „peanutsos", wie der moderne Grieche sagte. Der Ruhmestat des Dädalus konnte dies nichts von ihrer Unsterblichkeit nehmen. Griechenland, der Urmutter aller Athleten, einen neuen Sport geschenkt zu haben, das sichert einem Manne den Platz im Olymp!
Olymp! Olympia!

Wie ein Donner hallte dieses Wort in den Ohren des Dädalus. Waren die olympischen Spiele zu dieser Zeit doch schon recht heruntergekommen. Die Wettkämpfe von Olympia interessierten, wie die Sklaven und sonstigen Primitiven zu sagen pflegten, keine Sau in Griechenland mehr. Der Olympische Hain blieb leer, kaum ein Athener Geschäftsmann war noch bereit, auch nur eine müde Drachme für die Bandenwerbung rund um die Arena locker zu machen. Griechische Familien, die sich für die Olympiade interessierten, ließen sich einen Erzähler ins Haus kommen, der ihnen die Ergebnisse lieferte und die wichtigsten Ereignisse in zehn Minuten zusammenfasste. Das genügte den meisten Griechen.

Nachdem auch Opfergaben für die Göttinnen des Sports - Nike, Adidas und Reebock - nichts fruchteten, musste sich das griechische olympische Komitee eingestehen, dass der Zuschauerschwund schlicht auf die schwachen sportlichen Leistungen und die lahmarschigen Athleten zurückzuführen war, letztere nannte man zu dieser Zeit bereits nicht mehr Olympioniken, sondern nur mehr „Lahmarschikoi". Nicht zufällig war der Olympiasieger im Dauerlauf zuletzt ein halbseitig gelähmter Eunuch, den Diskuswurf entschieden ex aequo zwei Hausfrauen aus Sparta für sich, deren Training darin bestanden hatte, ihren Ehemännern Teller nachzuschleudern. Und was den Ringkampf betraf, so war in der großen Pause in einer Athener Philosophenschule mehr an „action" zu erleben als im olympischen Hain.

Kurz gesagt, die Lage war prekär.

Der Sportminister überlegte allen Ernstes, die olympischen Spiele abzuschaffen und stattdessen alle vier Jahre eine Art altgriechisches „Wetten dass..." zu veranstalten. Als Dädalus vorsprach und dem Minister in bewegten Worten kundtat, welch große Hoffnungen in die von ihm, Dädalus, erdachte und bereits erstmals mit seinem Sohne erprobte neue Sportart „Federnfliegen" zu setzen wären.

Federnfliegen verspreche Spannung und Dramatik, auch Unfälle seien zur Unterhaltung des Publikums zu erwarten, prophezeite Dädalus. Es werde die Zuschauer von den Sitzen reißen und die Straßen von Athen leerfegen, wenn sich die wagemutigen Federnflieger richtung Sonne erheben. Spitzensport und Breitensport werde es gleichermaßen geben, es sei ja genug Platz unter der Sonne. Die Firmen würden die Federnflieger als Werbeträger entdecken, die „Sponseroi" würden Schlange stehen. Sportartikelindustrie und Handel würden einen ungeahnten Aufschwung erleben. Ganz Griechenland würde im Begeisterungstaumel für die neue Sportart liegen. Und die Philosophen würden sich Weisheiten einfallen lassen wie: „Fliegen ist menschlich" oder „Andere mögen Kriege führen, Du, glückliches Griechenland, schwingst Dich zur Sonne!"

Der Sportminister dachte nach, wiegte sein Haupt hin und her, legte die Stirn in Falten, nippte von seinem Honigwein-Shake, schüttelte wieder den Kopf, ehe er langsam und bedächtig sagte: „Irgendetwas gefällt mir nicht an dieser Idee."
Dädalus, als gelernter Grieche, antwortete ohne Zögern: „20 Prozent".
„25", erwiderte der Sportminister.
„Einverstanden", gab Dädalus zurück, „25 Prozent aller Einnahmen aus der Vermarktung des Federnfliegens gehen auf Ihr Konto, Herr Minister".
„Sind Sie wahnsinnig", flüsterte der Minister, „dafür habe ich doch das Hilfswerk für Kriegerwitwen, Sie Trottel". Damit verließ Dädalus den Minister, ein wenig enttäuscht darüber, dass er, statt einen Orden verliehen zu bekommen, in die Klasse der „Trotteloi" eingereiht worden war, aber jedenfalls stand dem Siegeszug des Federnfliegens nichts mehr im Wege.
Und Dädalus sollte mit seinen Prophezeiungen, die er vor dem Sportminister dargelegt hatte, voll und ganz recht behalten.
Keine drei Wochen später lud die „Athener Künstlergilde", deren stellvertretender Obmann Dädalus war, zu einem Schaufliegen unter dem Motto „Mit Wachs und Feder kann es jeder" ein. Trotz der Proteste der Personalvertretung der Sklaven sowie wider alle Einwände des Arbeitsinspektorats bestimmte die Künstlergilde ein Dutzend Leibeigene, die sich für dieses Schaufliegen zur Verfügung zu stellen hatten.
Die Veranstaltung wurde ein durchschlagender Erfolg. Von den zwölf Sklaven überlebten drei, der Sieger - er war der Sonne am nächsten gekommen - wurde, wenn auch posthum, mit der „goldenen Feder" bedacht. Etwa 5.000 zahlende Zuschauer sorgten dafür, dass die Künstlergilde auf Jahre hinaus keine finanziellen Probleme mehr haben würde, selbst bei Abzug der 25 Prozent für das Kriegerwitwen-Hilfswerk.
Unmittelbar danach wurde der erste Federnflieger-Sportclub - kurz FSC - gegründet. Dädalus pochte auf seine Urheberrechte und wurde zum Präsidenten gewählt.
Die erste vereinsinterne Meisterschaft gewann Ikarus, er wurde allerdings disqualifiziert, da es die Schiedsrichter als eine Art von unerlaubtem Doping ansahen, dass sich Ikarus bei der Landung seines göttlichen Adlers bedient hatte, während Zeus und CO. aus unerfindlichen Gründen alle anderen Teilnehmer abstürzen ließen.
Ein Detail, an dem man unschwer erkennen kann, dass zu diesem Zeitpunkt ein erheblicher Bedarf an technischer Verbesserung - „Knowos Howos", wie der moderne Grieche sagte - gegeben war.
Dädalus konsultierte erneut den Sklaven Pythagoras, der im Ruf stand ein Genie in mathematischen und technischen Dingen zu sein.

Er, Pythagoras, möge die aerodynamischen Bedingungen für den Auftrieb und den Widerstand beim Federnfliegen berechnen, um damit die Grundlagen für die sichere Handhabung des Fluggeräts sowie für eine glückliche Landung mit demselben zu schaffen.
Drei Tage später lieferte Pythagoras eine Formel ab, die da lautete: „$a^2 + b^2 = c^2$".
Nach der Beerdigung des halben Fliegerclubs nahm Dädalus den Pythagoras zur Seite und herrschte ihn an: „Verdammt, Pythi! Was hast Du bloß für einen Scheißos geliefert! Deine Formel ist für A und F, steck sie Dir sonst wohin!"
Pythagoras warf zerknirscht ein, er habe die Papyri mit den Formeln verwechselt, die aerodynamischen Berechnungen seien auf der nächsten Rolle gestanden. Dädalus aber ließ nicht mehr mit sich reden, Pythagoras flog aus dem Club. Was insofern kein großer Verlust war, als der - zum Unterschied von Pythagoras mit Hausverstand ausgestattete - Zeugwart zur selben Zeit aus einem Seidentuch und ein paar Leinen den ersten Fallschirm der Menschheitsgeschichte konstruierte. Damit würde künftig jeder Federnflieger sicher landen können, sofern er geschickt genug sein würde, den Fallschirm im rechten Augenblick zu bedienen. „Die Guatn überlebns und um die andern is eh net schad", brachte es der - wie man erkennen kann aus der harschen Provinz stammende - Zeugwart auf den Punkt.
Erwartungsgemäß reagierte nun die Sportartikelindustrie.
Die „Product-Designeroi" legten Nacht- und Sonderschichten ein und rechtzeitig für die Frühjahrskollektion war der „Superdynamische Turbo-Federnflieger" auf dem Markt. Mit allem, was dazu gehörte: Oberverspannung, Kielrohr, Schränkungsanschlag, Steuerbügelseitenstabilisator, federnverstärkte Unterverspannung, Flügelweite zehn Meter, Fläche 15 Quadratmeter und Streckung 6,6. Wachs von glücklichen Freilandbienen oder von geweihten Kerzen wahlweise. Der Landefallschirm kostete im Komplett-Set nichts extra, dafür hatte man lediglich die Werbeaufschrift „Red Minotaurus verleiht Flüüüüügel" in Kauf nehmen.
Als schließlich die ersten Reiseveranstalter - allen voran die neugegründeten Ikarus-Tours - Federnflieger-Wochen all inclusive für Anfänger und Fortgeschrittene ins Programm nahmen, war der Durchbruch zum Massensport geschafft.
Kurzfristig allerdings schien der Siegeszug des Federnfliegens noch einmal gefährdet. Denn der als übereifrig bekannte griechische Konsumentenschutzminister glaubte, eine Reihe von Vorschriften für das Federnfliegen erlassen zu müssen. Unter anderem eine „Zulassungs-Beschränkungs-Verordnung für federnunterstützte aerodynamische Fortbewegung", eine „Federnflieger-Betriebsrichtlinie"

mit 450 Seiten sowie eine „Wachs- und Federnqualitätsnorm ISO 0815 plus Gütesiegel".
Damit hatten weder Dädalus und der Federnflieger-Sportclub noch die Sportartikelhersteller und schon gar nicht Herr und Frau Grieche gerechnet. Die neuen Vorschriften samt der damit einhergehenden Bürokratie drohten zum Hemmschuh für den aufstrebenden neuen Massensport zu werden.
Dies versuchte man dem Konsumentenschutzminister vorerst auf diplomatischem Wege („Mach keine Welln, Vollkoffer") klarzumachen. Doch der Minister zeigte sich uneinsichtig. Dädalus, der über einflußreiche Freunde im Athener Senat verfügte, ersuchte dieselben um eine politische Lösung. Dies geschah. Drei Tage später ging in ganz Attika das Gerücht, der Konsumentenschutzminister habe einen ihm als Praktikant zugeteilten Jüngling vernascht. Der Minister trat zurück und ließ sich den Schierlingsbecher bis zum Rande füllen, doch die schikanösen Verordnungen und Richtlinien für die Federnflieger blieben.
In dieser schwierigen Situation erwies es sich als günstig, daß Ikarus nicht nur ein begeisterter Federnflieger war, sondern auch im zweiten Semester Betriebswirtschafts- und Marketingphilosophie studierte, was nach dem damaligen griechischen Schulsystem ohne Matura und schon zarten Knaben möglich war.
Und Ikarus hatte die Königsidee: „Wir taufen das Federnfliegen einfach um, dann können sie sich ihre ganzen Vorschriften in den Eh-schon-wissen schieben".
Von da an wurde aus dem „Federnfliegen" das „Hot Flying". Eine Extremsportart, bei der sich Menschen tollkühn in die Lüfte erheben und ebenso tollkühn wieder in die Tiefe stürzen. „Mich dünkt, das wird noch in zweitausend Jahren so sein", sprach Dädalus bei sich, nicht ohne Stolz, dass er seinen den Göttern geleisteten Schwur so nachhaltig erfüllt hatte.

DER IGEL WINNETOU

oder

GARTENFREUND KLAGT GARTENFREUND

Nachbarn sind wie Verwandte, man kann sie sich nicht aussuchen. Und der Spruch vom Frömmsten, welcher nicht in Frieden leben kann, weil es dem bösen Nachbarn nicht gefällt, dieser Spruch muss in einem Schrebergartenverein entstanden sein. Was mit dem Traum von ein bisschen eigenem Grün beginnt, endet in manchem Fall sogar vor dem Richter - Gartenfreund klagt Gartenfreund, zum Beispiel wegen Diebstahls eines Igels.

Richter: Aufruf der Sache, Paragraf 127 StGB „Diebstahl" - die klagende Partei, Herr - äh - äh --
Kläger Klein: Blumenreich, Herr Rat, Vincent van Blumenreich!
Richter: Hier im Akt steht „Klein" - „Horst Klein" --
Klein: Vincent van Blumenreich ist mein Künstlername im Schrebergartenverein --
Beklagter Müller (LACHT): Haha - Künstlername! Er hat einen Künstlernamen, der Herr Nachbar! Haha! Vincent van Schrebergarten --
Richter: Beklagter Müller, Sie sind nicht am Wort!
Klein (ZU MÜLLER): Ein Mensch wie Sie hat wahrscheinlich noch nie etwas von Vincent van Gogh und seinen Gemälden mit den herrlichen Sonnenblumen gehört --
Müller: Und? Was haben herrliche Blumen mit Ihrem Garten zu tun, Herr Nachbar?
Klein: Ich hätte mich auch „Claude" nennen können - nach Claude Monet, der diese prächtigen Teiche mit den Seerosen gemalt hat - aber davon haben Sie ja keine Ahnung --
Müller: Ihr Garten ist wie ein Gemälde von Hermann Nitsch - kein Grün und scheußlich --
Richter: So geht das nicht, meine Herren, Sie können hier nicht einfach drauf los streiten --
Klein: Tut mir leid, Herr Rat, aber die Sache mit Nitsch kann ich nicht auf meinem Garten sitzen lassen! (ZU MÜLLER):

Wissen Sie, was Sie sind, in unserem Schrebergartenverein? Ein Fremdkörper sind Sie, Herr Müller! Das sagen alle! Weil ihnen fehlt der gärtnerische Charakter! Das friedliche und tolerante Wesen, geprägt von der Harmonie mit der Natur, das ist es, was Ihnen fehlt, Sie Streithansl, Sie grüner!

Müller: Ach? So ein friedliches Wesen wie Sie vielleicht?
Klein: Jawohl!
Müller: Und wer hat in meine Regenwassertonne ein Loch gebohrt, hm, wer war das?
Klein: Sie haben es nötig! Einer, der in der Dunkelheit kübelweise Schnecken in Nachbars Garten kippt! Sowas nennt man „Anschlag", jawohl, Sie sind ein Schrebergarten-Terrorist!
Müller: Grün-Faschist!
Richter (SCHARF): Ruhe! Dieser Umgangston mag vielleicht in ihrem Schrebergartenverein Usus sein, aber nicht hier vor Gericht! Also - Es geht um - äh - einen Igel - um diesen Igel - hier im Käfig --
Klein: Mein Igel!
Müller: Stimmt nicht - es ist meiner!
Richter (SEUFZT): Womit wir in medias res wären! Kläger - Sie behaupten also, Ihr Nachbar, der Herr Müller, habe Ihnen diesen Igel gestohlen?
Klein: Ja - meinen Winnetou!
Müller (LACHT WIEDER SCHALLEND): Winnetou! Haha! Wenn dieser Igel Winnetou heißt, dann habe ich einen Maulwurf namens Old Shatterhand! Haha!
Klein: Gott, ist dieser Mensch ein Trottel!
Müller: Haben Sie das gehört, Herr Rat?!
Richter: Nein, ich werde mich hüten - damit noch eine Ehrenbeleidigungsklage dazu kommt! Herr Klein - wollen Sie damit sagen, dass Sie sich einen Igel - äh - Winnetou - äh - sozusagen - als Haustier halten?!
Müller (LACHT WIEDER): Zum Streicheln - haha --
Klein (ZU MÜLLER): Ihr blödes Lachen beweist, dass Sie nicht die geringste Ahnung vom Erinaceus haben!
Richter: Wovon?
Klein: Erinaceus - der Igel!
Richter: Ich warne Sie! Wenn Sie so weiter machen, lade ich einen Sachverständigen für Zoologie, das wird teuer, mir ist's wurscht!
Müller: Ich bin ein Sachverständiger, für Igel --
Klein: Sie sind ein Trottel!
Müller: Und der Herr Rat hats natürlich nicht gehört --

Richter: Genau! Was sagen Sie als Beklagter zu dem Vorhalt, dass Sie Ihrem Nachbarn den Igel gestohlen hätten - äh - den Igel - äh - Winnetou?
Müller: Ich sage nur ein Wort - Gorbatschow!
Richter: Können Sie sich etwas klarer ausdrücken?
Müller: Dieser Igel hier in dem Käfig gehört mir - es ist mein Igel Gorbatschow!
Klein: Das ist doch lächerlich! Seit wann heißt ein Igel Gorbatschow!
Müller: Sdraßtwutje!
Richter: Was war das?
Müller: „Guten Tag", auf Russisch - haben Sie gesehen, wie der Igel reagiert hat - fast als wollte er „Mamotschka" zu mir sagen - „Mamotschka" heißt auf Russisch „Mami", für die Ungebildeten hier im Saal --
Richter: Ich mache Sie darauf aufmerksam, dass ich auch nicht Russisch kann --
Müller: Mein Igel kann es --
Klein: Das ist wie bei meinem Großvater --
Richter: Was meinen Sie, Herr Kläger?
Klein: Der Opa hat in der Kriegsgefangenschaft auch ein paar Brocken Russisch gelernt - genau wie mein Winnetou in der Geiselhaft von diesem Herrn her! (ZU MÜLLER): Was verlangen Sie? Wie hoch ist Ihre Lösegeldforderung für Winnetou, Sie Kidnapper?! Sie Schrebergarten-Mafiosi!
Richter: Jetzt reichts -Herr Klein - 300 Schilling Ordnungsstrafe!
Klein: Das ist mir die Sache wert!
Müller: Herr Rat, darf ich auch - hier sind 300 Schilling --
Richter: Nein!! - (ZU KLEIN): Herr Kläger - gibt es irgendwelche Merkmale an diesem Igel, die beweisen, dass es sich um Ihren - Winnetou - handelt?
Klein: Ja - er liebt Milch - weil ich ihn damit groß gezogen habe - ist es gestattet?
Richter: Ach? Sie haben Milch dabei? Nun - wenn es der Wahrheitsfindung dient - aber bekleckern Sie nichts --
Klein (ZUM IGEL IM KÄFIG): Winnetou, großer Häuptling! Der weiße Mann reicht Dir Milch mit der Kraft Manitus - Hugh!
Richter: Der Igel will keine Milch --
Müller: Logo - er will Feuerwasser, haha!
Richter: Was meinen Sie damit, herr Beklagter?
Müller: Wodka! Der Igel will Wodka! Haben Sie einen Schluck da, Herr Rat?
Richter: Hier ist ein Gericht, falls Sie das noch nicht bemerkt haben sollten --

Müller (BEGINNT PLÖTZLICH ZU SINGEN): „Es steht ein Soldat am Wolgastrand..." --
Richter: Jetzt haben Sie's geschafft - 300 Schilling Ordnungsstrafe
Klein: Und eine Strafe wegen Tierquälerei - ein Igel kann sich ja nicht die Ohren zu halten!
Müller: Mein Igel Gorbatschow beginnt immer zu weinen, wenn er das Wolgalied hört - hier - sehen Sie, Herr Rat - die Träne quillt bereits --
Richter: Ich sehe überhaupt nichts! Der Igel hat sich zusammen gerollt --
Müller: Wenn er jetzt schnalzt, dann gehört er mir - das ist typisch für meinen Gorbatschow!
Klein: Alle Igel schnalzen während der Paarungszeit - wenn sie hinter einem Weibchen her sind - Sie haben ja keine Ahnung --
Müller: Stimmt, da sind Sie der Fachmann - Sie schnalzen wahrscheinlich auch, wenn Sie die junge Witwe von Parzelle Neun sehen, Herr Nachbar!
Richter: Das ist nicht Gegenstand der Verhandlung! Also - es steht Aussage gegen Aussage - und überhaupt sehe ich die Dinge so, dass ein Igel niemandem gehört - ein Igel ist ein Tier in freier Natur - der Mensch hat sich ohnehin schon viel zu oft zum Herrn der Schöpfung erklärt --
Klein: Sie sprechen mir aus der Seele, Herr Rat - Demut vor der Schöpfung, das ist es, was Leute wie dieser Müller hier nie gelernt haben!
Müller: Ich hab schon Ehrfurcht vor der Schöpfung gehabt, da haben Sie noch in die Büsche geschissen - was rede ich, das tun Sie wahrscheinlich heute noch --
Klein: Da lass ich mich reinstechen, wenn es etwas auf der Welt gibt, was ich mehr achte als die Natur und die Tiere! Nicht einen Käfer zertrete ich - der Heilige Franziskus ist mein Zeuge!
Müller: Lassen sie doch die Heiligen aus dem Spiel, sie altmodischer Mensch Sie - ich, ich kämpfe für die ökologische Nachhaltigkeit - damit auch meine Urenkel einmal sagen können: er hat alles Leben für uns bewahrt, so geht das!
Richter: Sie brauchen sich hier nicht gegenseitig Ihre Naturverbundenheit an den Kopf werfen, meine Herrn, ich gehe davon aus, dass Sie beide Kleingärtner aus Überzeugung sind --
Klein: Er nicht, er ist ein Möchtegern-Gärtner!
Müller: Botanischer Ignorant!
Klein: Sie Assel, Sie schorfte!
Müller: Verlauster Apfelwickler!
Klein: Dickmaulrüssler, blöder!

Müller: Dämlicher Frostspanner!
Klein: Drahtwurm, mickriger!
Müller: Lästige Blattlaus!
Richter: Haben Sie jetzt das Schimpfwörterbuch der holden Gärtnersfrau durch? Können wir in der Sache weiter machen?
Müller: Nur noch eine Bauernregel, Herr Rat --
Richter: Wenn's sein muss --
Müller: „Kommt der Herr Klein daher, wächst im Garten gar nichts mehr" - alte Bauernregel!
Klein: „Zieht der Müller Rosen, gehts sicher in die Hosen" - noch ältere Bauernregel!
Richter: Es reicht! Ende des Beweisverfahrens! Vernehmen Sie das Urteil im Namen der Republik!
Klein: Halt die Ohren steif, Winnetou!
Müller: Kopf hoch, Gorbatschow!
Richter: Meine Herren, Sie wissen, wer der weise Salomon war? Und Sie kennen die Geschichte, wie zwei Frauen um ein Kind streiten - und Salomon entscheidet, das Kind in zwei Hälften zu teilen, damit jede Frau eine Hälfte bekäme - in der Erwartung, dass die echte Mutter dies nicht zulassen wird - und genau so ein salomonisches Urteil fälle ich hier und heute - wir teilen den Igel - und jeder von Ihnen bekommt die Hälfte - nun?
Klein (ÜBERLEGT): Äh - also - äh --
Müller (ÜBERLEGT EBENFALLS): Tja - äh - hm --
Richter: Nun - nehmen Sie das Urteil an?
Klein: Einverstanden!
Müller: Einverstanden!
Richter: Aber - meine Herrn - die Ehrfurcht vor jedem Geschöpf --
Klein: Gerechtigkeit muss sein!
Müller: Wo kämen wir sonst hin, im Schrebergartenverein!
Klein: Nur, Herr Rat - wer bekommt welche Hälfte?
Müller: Ich will den Kopf, er soll den Hintern kriegen!
Klein: Der Igelarsch passt besser zu Ihnen, Herr Nachbar!
Müller: Sie!
Richter (HAUT MIT DEM HOLZHAMMER AUF DEN RICHTERTISCH): Ruhe im Saal! Wissen Sie was - der Igel ist beschlagnahmt! Gerichtlich beschlagnahmt!
Klein und Müller: Und?
Richter: Ob er Winnetou heißt oder Gorbatschow - ich nehm ihn jedenfalls als Ganzen zu mir nach Hause, in meinen Garten! Punktum! Die Verhandlung ist geschlossen!

JOGGING-KRIMI

oder

DER IRRE MIT DER SPORTHOSE

Sportliche Betätigung, etwa das Joggen, wird nicht selten mit großem Fanatismus ausgeübt. Freude und Spaß an der Bewegung weichen dem verbissenen Rennen bis zum Umfallen. Für manchen Jogger nimmt seine Laufleidenschaft regelrecht sektiererische Züge an.
Jogging als Religion!
In diesem Fall kommt dann noch der missionarische Eifer dazu, andere ebenfalls zum Laufen zu „bekehren". Und sei es mit Gewalt.

„Schlank - Sporthose - ein Sadist". Mehr vermag Hermann S. zur Person des Täters nicht zu sagen. Der Arzt auf der Intensivstation verbietet eine weitere Befragung. „Zusammenbruch des Herz-Kreislaufsystems infolge extremer Überanstrengung", informiert der Arzt die beiden Staatspolizisten Lechner Eins und Lechner Zwo, die den Fall Hermann S. zu bearbeiten haben.
Nachdenklich verlassen die Beamten das Krankenhaus. Tauchen ein in die Menschenmenge der City. „Irgendwo da draußen muss der Irre sein", beendet Lechner Eins das Schweigen. Lechner Zwo blickt hinauf zu den Fenstern des Krankenhauses: „Wir werden dieses Schwein kriegen, das verspreche ich dir, Hermann S., und das verspreche ich allen anderen Übergewichtigen in dieser Stadt!"
Zurückgekehrt in die Polizeizentrale, rekapitulieren die beiden Beamten, was bisher geschah.
Exakt vor drei Wochen hatte die Serie der Überfälle begonnen. Der 41jährige Taxilenker Alfred F. war das erste Opfer gewesen. Ein maskierter Mann mit Sporthose - Marke „Flitzer", rot, mit Seitenstreifen - hatte den Taxler für eine Fahrt in den städtischen Grüngürtel engagiert. Dort angekommen, hatte der Mann dem Alfred F. eine Faustfeuerwaffe in den Rücken gebohrt. Überfall. Der Taxilenker hatte dem Täter seine Barschaft in Höhe von 495 Schilling angeboten. Doch der Mann mit der Sporthose hatte abgelehnt und stattdessen den Taxler mit Waffengewalt gezwungen, fast fünf Kilometer durch den Grüngürtel zu joggen. Erst nachdem Alfred F. - 110 Kilogramm bei 170 Zentimetern Größe - zusammengebrochen

war, hatte der Unbekannte von seinem Opfer abgelassen und war geflüchtet. Neben dem bewußtlosen Taxilenker war später eine Nachricht gefunden worden: „Krieg den Dicken! Das ist erst der Anfang! Im Namen der Sporthose!"

„Warum kann's nicht ein stinknormaler Rechtsextremer sein?", seufzt Lechner Eins und holt sich Kaffee, während sein Kollege den zweiten Fall zur Hand nimmt.

Nur drei Tage nach dem Attentat auf den Taxler hatte der „Irre mit der Sporthose" wieder zugeschlagen. Diesmal war er noch raffinierter und bösartiger vorgegangen. Er hatte den Kombi der städtischen Aktion „Essen auf Rädern" unbefugt in Betrieb genommen und war mit diesem exakt zur Zeit des zweiten Frühstücks beim Gebäude der Kulturverwaltung des Magistrats vorgefahren. „Er hat mich angesprochen und gesagt, es gibt eine neue Sozialleistung für uns Beamte, ein Gabelfrühstück auf Rädern, ich soll zum Wagen mitkommen", hatte der städtische Kulturbeauftragte Magister Erich M. - 122 Kilogramm bei 184 Zentimetern - später zu Protokoll gegeben. Kaum beim Wagen mit der Aufschrift „Essen auf Rädern" angekommen, war Magister Erich M. von dem Unbekannten gezwungen worden, einzusteigen. Zu diesem Zeitpunkt hatte sich der Täter bereits wieder eine Maske übergestülpt und da dies alles, zumindest für die Verhältnisse des Beamten, sehr schnell vor sich gegangen war, hatte Magister Erich M. später keine brauchbare Beschreibung der Gesichtszüge des Irren mit der Sporthose liefern können. Erst am Nachmittag war Magister Erich M. im städtischen Grüngürtel gefunden worden. Nach einer Erste-Hilfe-Leistung - Herzmassage, Mund-zu-Mund-Beatmung und drei Weckerl mit warmem Leberkäs - war das Opfer vernehmungsfähig gewesen. „Er ist ein Sadist", hatte auch Magister Erich M. bestätigt, „nicht nur, dass er mich zum Laufen gezwungen hat, das Schlimmste war der Psychoterror durch den Reim!" Magister Erich M., im Umgang mit Literatur erfahren, hatte sich den Reim gemerkt: „Ein Schlauer trimmt die Ausdauer - das hat er während der gesamten vier Kilometer immer wiederholt, immer und immer wieder, ein Schlauer trimmt die Ausdauer, ein Schlauer trimmt die Ausdauer...". Auch im Fall Magister Erich M. hatte man am Tatort ein Bekennerschreiben gefunden: „Übergewicht ist Sünde! Wir sorgen dafür, dass die Dicken Buße tun! Im Namen der Sporthose!"

„Auch ein Linksextremer wär kein Beinbruch", seufzt Lechner Eins. „Ich würd sogar lieber Umweltaktivisten und militante Tierschützer observieren", stimmt ihm Kollege Lechner Zwo zu, während er Fall Nummer Drei auf den Tisch legt.

Nur einen Tag nach dem Überfall auf den Kulturbeamten hatte sich der Irre mit der Sporthose sein nächstes Opfer gesucht. Mit einem gestohlenen Fahrzeug - Aufschrift „Eis-Express" - war er im Stadtpark vorgefahren, bei 28 Grad im Schatten. Die zweifache Mutter Lore U. - 98 Kilogramm, 157 Zentimeter ohne Schuhe - hatte in der Folge ihre Kinder für einen Augenblick bei einer Bekannten zurückgelassen, um sich die offerierte „Riesentüte mit Vanille, Schoko und Erdbeer" zu besorgen. Die Frau sollte nicht mehr zurückkehren, zumindest an diesem Tag nicht. Am Abend war Lore U. im Grüngürtel aufgefunden worden. Aus dem Polizeiprotokoll: „Ich hab ihn angefleht, er kann alles mit mir machen, alles, nur soll er mir diese Höllenqual ersparen, doch diese Bestie hat nur gegrinst und gesagt: 'Wer täglich schwitzt und wenig sitzt, mit 90 noch durchs Leben flitzt'. Und wie ich gesagt hab, dass ich nichts mehr hasse wie das Laufen, da hat er geantwortet, ich hab noch Glück gehabt, denn ein anderer von seiner Organisation zwingt Leute zum Kanufahren und ich soll mir mich mit meinem dicken Hintern in einem Kanu vorstellen, sowas muss ich mir doch nicht sagen lassen!".

„Die Einzeltäter-Theorie können wir endgültig vergessen", konstatiert der Staatspolizist Lechner Eins. Lechner Zwo stimmt zu: „Es ist nur eine Frage der Zeit, bis auch andere 'Im Namen der Sporthose' zuschlagen werden". Darauf lässt, sind die Beamten überzeugt, auch eine Passage aus dem Bekennerschreiben im Fall der Lore U. schließen: „Wir haben eine Mission - macht die Dicken dünn!".

Fall Vier - Hermann S. - passt genau ins Täterprofil. Der Modus Operandi ist identisch. Der vom Täter verwendete Reim hat die Qualität aus den früheren Fällen: „Läufer leiden nie
an vegetativer Dystonie".
Unterzeichnet wieder „im Namen der Sporthose".
Die beiden Beamten Lechner Eins und Lechner Zwo fühlen sich wie in einem drittklassigen Kriminalfilm, als sie jetzt zum Polizeipräsidenten gerufen werden.
„Meine Herrn Kollegen, ich brauche handfeste Ermittlungsergebnisse! Die Journalisten treten mir die Tür ein! Und der Innenminister verlangt einen Bericht! Vergessen Sie nicht, dass 70 Prozent der Bewohner dieser Stadt übergewichtig und damit potentielle Opfer sind! Also - was unternehmen Sie?"
Lechner Eins und Lechner Zwo informieren den Polizeipräsidenten über ihre Hypothese, der zufolge es sich bei dem Irren mit der Sporthose, Marke „Flitzer", rot, mit Seitenstreifen - „Ich scheiß auf die Details", Originalton Polizeichef - dass es sich bei dem Täter um einen Gesundheits- und insbesondere Jogging-Fanatiker handeln müsse, der offensichtlich einer einschlägigen, radikalen und sektenähnlichen Organisation zuzurechnen sein dürfte. Ziel dieser Gruppierung scheine zu sein, Personen, bei denen Körpergewicht und Körpergröße in einem gewissen Missverhältnis ste-

hen, zum Zurücklegen beträchtlicher Laufdistanzen zu nötigen. Der Täter selbst werde von den Opfern und von Augenzeugen als auffallend schlank und sportlich beschrieben, womit --
Der Polizeipräsident unterbricht die Beamten: „Alles klar - wir überprüfen sämtliche schlanken Männer dieser Stadt, zugleich Hausdurchsuchungen bei allen, und bei wem wir eine Sporthose finden, den nehmen wir hopps!"
Am darauffolgenden Morgen werden im städtischen Grüngürtel 128 männliche Jogger perlustriert, drei Dutzend von ihnen werden aufgrund ihrer Kleidung - Sporthose, Marke „Flitzer", rot, mit Seitenstreifen - vorläufig festgenommen.
Um 10.00 Uhr gibt der Polizeipräsident eine kurzfristig einberufene Pressekonferenz und teilt auf diesem Weg der besorgten Öffentlichkeit mit, dass der Irre mit der Sporthose praktisch gefasst sei. Schon in den nächsten Stunden werde es zur Gegenüberstellung der festgenommenen Tatverdächtigen mit den Opfern kommen, „dieser menschenverachtende Triebtäter ist damit so gut wie ausgeforscht", resümiert der Polizeipräsident.
Die Zeitungsschlagzeilen des nächsten Tages können sich von der Warte der Sicherheitsbehörden und des Innenministers durchaus sehen lassen:
„Die Bestie mit der Sporthose ist gefasst"
„Entwarnung für die Dicken: Irrer Jogger ausgeforscht"
Übergewichtige können aufatmen: Hüftspeck-Anarchie zu Ende".
Lechner Eins und Lechner Zwo, die beiden erfolgreichen Beamten, sitzen bei einem Bier in der Kantine des Polizeikegelvereins, als die Nachricht kommt: Der Irre mit der Sporthose hat wieder zugeschlagen - Opfer ist der Polizeichef!"
„Ihr seid die größten Arschlöcher der europäischen Sicherheitsexekutive" - Mit dieser, durch ständiges schweres Atemholen unterbrochenen Feststellung empfängt der Polizeipräsident die beiden Beamten an seinem Krankenbett, „dieser Kretin hat mich dazu gebracht, neun Kiolmeter zu laufen". Dies kann der Polizeipräsident deswegen so exakt angeben, weil ihm der Irre mit der Sporthose einen Kilometerzähler an die Hüfte gehängt hatte. „Mein Puls schwankte zwischen 180 und 200", kann der Polizeipräsident eine weitere Angabe machen, dank eines Messgürtels für die Herzfrequenz, den anzulegen ihn der sadistische Täter ebenfalls gezwungen hatte. Die für die Ermittlungen unerhebliche Frage nach dem Gewicht des Polizeipräsidenten verkneifen sich die beiden Beamten, „nicht vollschlank" würde im Akt genügen.
Ebenfalls zum Akt kommt der Bekennerbrief, der im Falle des Polizeipräsidenten nicht nur wieder mit „Im Namen der Sporthose" unterzeichnet ist, sondern der auch die zentrale Botschaft enthält: „180 Puls ist pervers!". Und der unvermeidliche Reim, den der

Täter diesmal schriftlich mitgeliefert hat, lautet:
"Wer sein Auto parkt
und lauft,
kriegt keinen Herzinfarkt,
außer er sauft".
Womit der Täter nicht nur neuerlich seinen dichterischen Dilettantismus, sondern auch eine intime Kenntnis der Person des Polizeichefs unter Beweis gestellt hat. Denn der Polizeipräsident hat den Ruf, gelegentlich dem Alkohol nicht abgeneigt zu sein. „Das ist allgemein bekannt", zerstreut Lechner Eins allerdings die Vermutung von Lechner Zwo, die Spur zum Irren mit der Sporthose könnte in Polizeikreise führen.
Zwar gelingt es vorübergehend, den peinlichen Überfall auf den Polizeichef geheim zu halten, als aber notwendigerweise die drei Dutzend festgenommenen Jogger wieder auf freien Fuß gesetzt werden, fliegt alles auf.
„So groß kann der Muskelkater des Polizeipräsidenten nicht sein, dass er nicht wenigstens einen Schritt zusammenbringt - den Rücktritt", formuliert die Opposition in einer dringlichen parlamentarischen Anfrage an den Innenminister. Diesem bleibt nichts anderes übrig, als seinen Parteifreund, den Polizeichef, sowohl im Nationalrat als auch in der Öffentlichkeit zu verteidigen. Intern allerdings stellt der Minister den Polizeipräsidenten vor das Ultimatum: „Entweder der Kopf des Irren mit der Sporthose oder dein Kopf!"
Verschärft wird die Lage dadurch, dass hunderte Übergewichtige aus Angst vor dem Wahnsinnigen und seiner Sekte „Im Namen der Sporthose" von heute auf morgen mit dem Joggen beginnen. Als die ersten 50 in lebensbedrohlichem Zustand in die umliegenden Spitäler eingeliefert werden, beschließt der Innenminister die Einsetzung einer Sonderkommission im Kampf gegen die radikalen Jogging-Fanatiker. Mit der Leitung der Kommission werden Lechner Eins und Lechner Zwo betraut, ihnen zur Seite stellt man zwei übergewichtige Psychologen, einen Ernährungswissenschafter mit Idealgewicht und einen Sektenexperten, bei dem man infolge seines wallenden weißen Gewandes nicht erkennen kann, ob er dick oder dünn ist. Schon am nächsten Tag hat die Sonderkommission einen Plan ausgearbeitet, Geheimcode „Sporthoserl".
Die 80 dicksten Polizeibeamten des Bundesgebietes werden zu einer Spezialeinheit zusammengezogen. Umgehend schwärmen sie aus. Als verdeckte Fahnder im Rahmen der Aktion „Blader Lockvogel". In den Gastgärten, an den Würstelständen, auf den Parkbänken beziehen die gewichtigen Beamten in Zivil Stellung. Getarnt mit Bosna-Würsteln, Hot Dogs, Chips, Big Macs, Pommes frites, Eis am Stil und in der Tüte oder Zigaretten im Mundwinkel.

Stöhnen und Schwitzen bei jeder Bewegung wurde den Beamten von der Einsatzleitung als zusätzliches Lockmittel für den Irren mit der Sporthose befohlen.
Um 12 Uhr mittags - Highnoon! - erweist sich die Aktion „Blader Lockvogel" im Stadtpark als voller Erfolg. Die Bestie hat sich diesmal als Fiaker getarnt und lädt als solcher einen der verdeckten Fahnder - 148 kg, 191 Zentimeter - zu einer Kutschenfahrt samt Erfrischungen ein.
Im Grüngürtel kommt es zum finalen Showdown.
Der Irre mit der Sporthose zückt die Waffe: „Run for your life!"
„Kein Reim?", erwidert der Beamte, um Zeit zu gewinnen.
„Laufen!"
„Und wenn nicht?"
„Dann sprich ein letztes Gebet!"
„Welches?"
„Unsere tägliche Bewegung gib uns heute und führe uns nicht in Versuchung, fett zu werden!"
Das Gehirn des Beamten arbeitet fieberhaft. Wie soll er diese Situation meistern? Tausend Gedanken schießen ihm durch den Kopf, 998 davon lauten: „Ich enttarne mich und lass den Idioten flüchten!"
Gedanke 999: Gebrauch der Dienstwaffe. Doch diese steckt im Holster und das erreicht er mit dem Arm nicht mehr, seit er die Marke von 130 Kilogramm überschritten hat. Gedanke 1.000: So tun, als wäre die eingesteckte Banane ein Revolver.
„Rennen oder sterben - im Namen der Sporthose", reißt die schnarrende Stimme des Irren den Beamten aus seinen Gedanken.
Der Mann meint es ernst! Todernst! Für den Beamten - Typ „Bulle von Tölz" - bleibt nur der Einsatz seiner überlegenen Intelligenz. Er starrt plötzlich an seinem bedrohlichen Gegenüber vorbei und ruft: „Geh, Mama, was machst Du denn da? Schleich Dich!" Der Irre mit der Sporthose ist für einen Augenblick irritiert.
Diese Sekundenbruchteile nützt der Beamte beinhart aus. Er stürzt sich auf den Täter, reißt ihn zu Boden, wirft sich auf ihn - und erdrückt ihn unabsichtlich. Notwehr wird später im Bericht an die Dienstaufsichtsbehörde stehen. Und dass einem Beamten kein Vorwurf zu machen sei, wenn er sich beim Einsatz seines Körpers bedient, auch wenn der Beamtshandelte dabei ums Leben kommt.
Noch dazu ein „Schmalpickter", bestehend nur aus Haut und Knochen, wie der Irre mit der Sporthose.
Die weiteren Ermittlungen ergeben, dass es sich beim Irren mit der Sporthose nicht nur um den Gründer und das einzige Mitglied des „Vereins der täglichen Marathonläufer" gehandelt hat, sondern der Mann auch Besitzer einer Boutique für Sportkleidung gewesen war.
Nachdem die Boutique Konkurs anmelden hatte müssen, weil ihr

Eigentümer seine Zeit nicht im Geschäft sondern auf der Marathonstrecke verbracht hatte, entwickelte der Mann offensichtlich einen pathologischen Hass auf alle Nicht-Sportler und im besonderen auf Personen mit Übergewicht. Als weiteres Indiz wird in der Wohnung des Täters ein 400 Seiten starkes Buchmanuskript mit dem Titel „Mein Kampf gegen den Gösser-Muskel" sichergestellt. Eine parodistische Lesung daraus sowie ein Auftritt der Jazz-Gitti bilden drei Wochen später die Highlights eines Solidaritätsfestes der Dicken im Grüngürtel der Stadt.

BERGFELD 17. Der Stand der Dinge

15 XI 2001

Betrifft: 77 - Rosenhaus - Publikationsforum

I. *Andere drucken Bücher. Ich verlege AutorInnen*: Werner Rohrhofers Buch „Österreich hat frei" ist die 77. Resistenz Titelmeldung beim Börsenverein des Deutschen Buchhandels.

II. Für Resistenz wird ja vornehmlich in Wien gearbeitet, mein Schreibtisch steht aber im oberösterreichischen Kremstal, nur unweit von Stifters Rosenhaus.

Gestern haben die Österreicher in der Türkei 0:5 beim Fussball verloren, Reinhold Aumaier hat seinen zweiten grossen Artikel in der Süddeutschen gehabt und ich konnte meinen Mittagslauf durch den Wald bei Sonne und dem ersten Schnee dieses Winter absolvieren!

III. Resistenz bedeutet Widerstandsfähigkeit, und Literatur hat einen so geringen Stellenwert in unserer Gesellschaft, daß es starker Resistenz bedarf, Schriftstellern ein gutes Publikationsforum bieten zu können.

Herzlichst,

       Dietmar Ehrenreich

   eMail: dietmar.ehrenreich@gmx.at